월급으로
시작하는
주식투자

월급으로 시작하는 주식투자

앤츠 지음

원앤원북스

오늘 주식 투자를 시작하는 당신에게

2020년을 되돌아보면 '잘살아보세'라는 구호를 바탕으로 시작된 새마을운동에 버금가는 '범국민 주식 투자 운동'이 일어나지 않았나 싶다. 2020년 3월 1,439포인트까지 폭락했던 코스피 지수는 2021년 1월, 1년도 채 안 걸려서 3,266포인트라는 경이로운 수치를 기록했으니 말이다. 회사, 학교, 길거리, 카페 어디를 가도 주변에서는 주식 이야기가 들렸으며, 그 덕분에(?) 주식 투자를 하지 않는 사람들은 친구들이 모인 자리에서 한마디도 할 수 없는 신세가 되었을 것이다. 혼자 멍하니 앉아 있기도 민망했을 거다. 친구들과 모인 자리에서 이런 이야기가 들린다.

"그 얘기 들었어? 종빈이는 이번에 제약주 사서 엄청 벌었대."

"현동이도 테슬라로 엄청나게 벌었다는데?"

술 때문에 속이 시린 것인지, 나만 빼고 다들 부자가 되는 것 같은 마음에 가슴이 시린 것인지 모르겠다. 난 누구보다 열심히 일하고 저축을 하고 있는데, 벼락 거지*가 된 기분이다. 점점 주식 투자를 하지 않는 내가 바보가 된 것 같고 마음이 조급해지기 시작하지만 정작 어떻게 시작해야 하는지 막막하기만 하다.

하지만 너무 배 아플 필요는 없다. 아마 이야기 속의 친구는 대부분 그 뒤 이렇다 할 수익을 내지 못해 시장 수익률(코스피 상승률)을 밑돌고 있을 가능성이 크다. 주위에 주식 하는 친구들의 대부분이 너무 '좋은 장'일 때 주식을 시작했기 때문이다.

이게 무슨 말이냐고?

2020년은 대체로 시장 자체가 우상향(이라기도 민망할 정도로)했기 때문에 어떤 종목을 사더라도 반사이익을 봤을 것이란 말이다 (중간중간 하락장이 있긴 했지만). 내가 샀다 하면 모두 오르니 너도나도 주식을 시작했고, 그 결과 주식을 마치 '파친코' 하듯 오로지 단

---

* **벼락거지**: 자신의 소득에 별다른 변화가 없었음에도 부동산과 주식 등의 자산 가격이 급격히 올라 상대적으로 빈곤해진 사람을 가리키는 신조어.

기 시세 차익을 노리기 위해 접근하는 '안 좋은 투자 습관'이 만들어진 경우를 너무나도 많이 봤다. 말하자면 2020년도는 주식을 하기 너무 좋은 장이었고, 역설적이게도 주식을 시작하기에는 최악의 장이었다.

그렇다고 지금은 주식을 시작하기에 최악의 장이기 때문에 주식을 시작하지 말라는 이야기가 아니다. 넘쳐나는 유동성에 눈이 가려져 '잘못된 습관'을 들이지 말라는 이야기다. 오히려 지금이라도 당장 주식을 시작해야 할 이유는 널려 있다. 특히 현금의 가치가 갈수록 떨어지고 있다는 점만으로도 당장 주식(뿐만 아니라 어느 재테크든)을 시작해야 한다.

옛날에는 열심히 일하면 집 한 채 정도는 충분히 살 수 있었지만, 지금은 어느 누구도 열심히 일만 해서는 집을 살 수 있을 거라고 생각하지 않는다. 당장에 집값 상승률과 월급 인상률을 비교해봐도 월급(근로소득)만으로 집을 산다는 게 얼마나 허무맹랑한 소리인지 알 수 있다.

살아남기 위해서라도 '돈이 돈을 버는 구조', 당신이 자면서도 돈을 벌 수 있는 무언가를 만들어야 한다. 유튜브, SNS, 주식, 월세 수익 뭐든 좋다. 다만 이 중 주식이 가장 진입장벽이 낮은 수단이며 재능이 필요 없다. 주식을 '잘' 한다는 가정하에서 말이다.

아마 이 책을 집어 든 독자들은 지금 막 주식을 시작하려고 하거나, 자신이 하는 주식 투자 습관이 잘못되었음을 깨닫고 이를 고치기 위해 노력하는 중일지도 모르겠다. 뭐든 좋다. 일단 당신이 마음먹었다는 것이 중요하다.

"성공보다 실패에서 배우는 것이 더 많다."라고 했던가. 2014년, 20살이 되자마자 호기롭게 주식시장에 입문해 "주식 하면서 이것만은 하지 마라!" 하는 모든 것들을 직접 해보고 쌓아 올린 실패 데이터는 훗날 필자의 올바른 투자 습관의 밑거름이 되었다. (필자가 여러분이 생각하는 것보다 훨씬 많은 실패를 몸소 겪었음은 따로 말하지 않겠다.)

주식뿐 아니라 무엇이든 처음부터 잘하는 사람은 없다. 하지만 자전거 타는 법을 배울 때도 '자전거가 어떻게 굴러가는지', '자전거는 어떠한 자세로 타는지', '안전장치는 무엇을 해야 하는지'와 같은 것들은 굳이 직접 실패해가며 배울 필요는 없다. 적어도 자전거가 어떤 용도이며, 어떻게 생겼는지, 어떤 복장과 어떤 자세로 타는지는 주변의 도움을 받는다면 훨씬 더 멀쩡한 몰골로 빠르게 자전거 타는 법을 익힐 수 있다.

주식 역시 마찬가지다. 필자처럼 굳이 자전거 바퀴에도 앉아보거나 페달을 밟으며 물구나무를 서보는 짓을 하지 않더라도, 올바르게 주식 하는 법을 미리 파악한다면 종빈이와 현동이(술자리에서 돈 좀 벌었다던 친구들)보다 훨씬 더 빠르게 돈을 불려갈 수 있다고 단언한다.

이 책에서는 필자가 7년간 주식시장에서 직접 잃어가며 배운 내용을 바탕으로 깨달은 '올바른 주식 하는 법'을 소개한다. 읽다 보면 "얘 정말 바보 아니야?"라는 생각이 들 정도로 무식하게 주식을 시작했지만, 7년이 지난 지금 어엿한 투자자가 되어 당당히 시장 수익률을 상회하는 투자를 하고 있다. 필자의 실패 데이터가 주식을 갓 시작한, 혹은 '나 같은 사람도 주식을 할 수 있을까?' 하며 겁을 먹고 있는 예비 주식 투자자들에게 조금이나마 도움이 되었으면 하는 바람이다.

앤츠

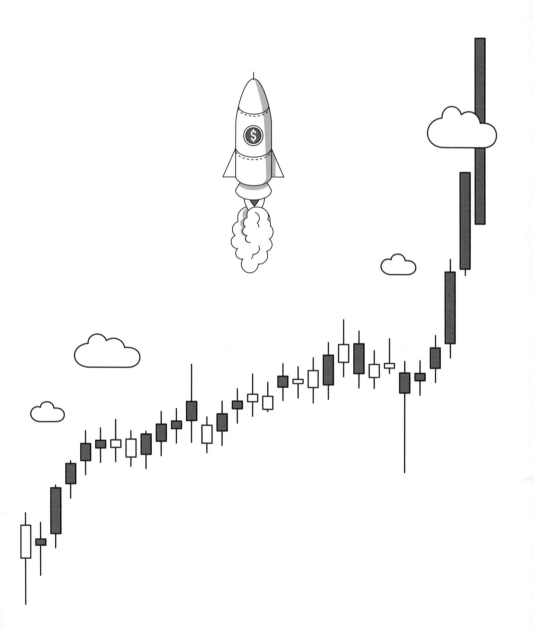

목차

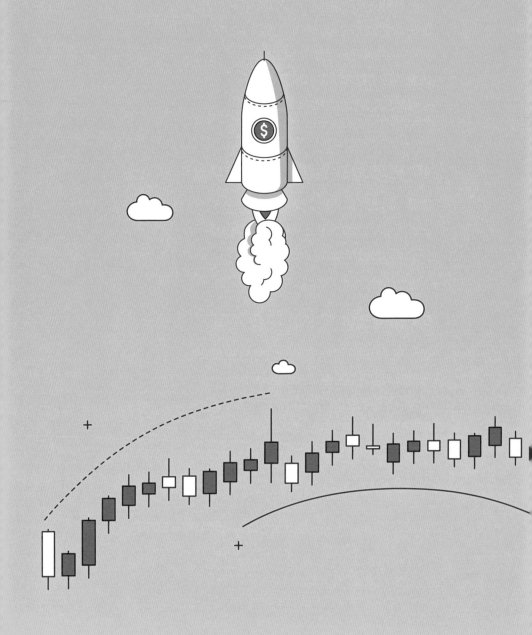

1장

작고 소중한
월급을 지키기 위한
주식 공부

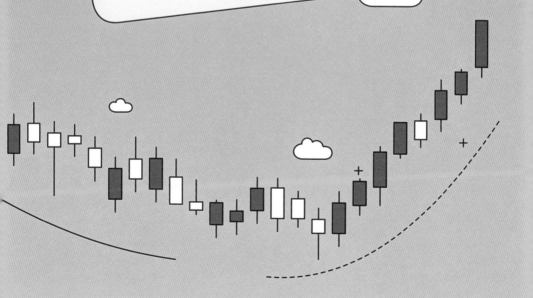

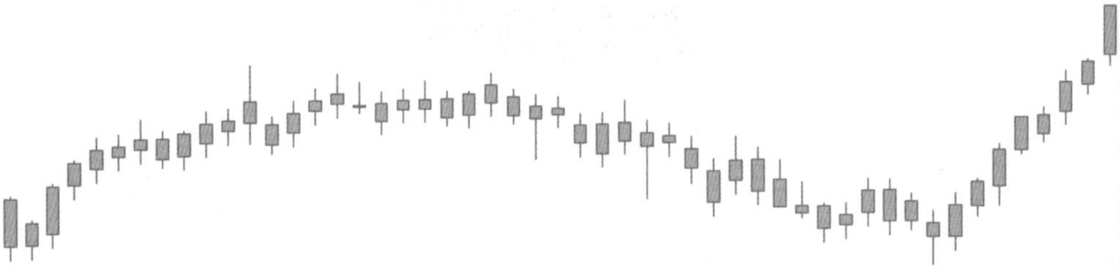

주식 투자의 시작,
"20살에 200만 원을 잃었어요."

9살 어린이의 첫 경제활동

『예담이는 열두 살에 1,000만 원을 모았어요』내가 태어나 처음으로 재미있게 읽은 책이다. 물론 이 책을 처음 읽었을 때는 8~9살 남짓이라 읽어본 책이 몇 권 없었던 탓도 있다. 책의 내용은 주인공 예담이가 심부름을 하고 벼룩시장에서 안 쓰는 장난감을 팔면서 12살이라는 나이에 1천만 원을 모으게 된 이야기다. 예담이는 심부름을 하고 번 돈을 돼지 저금통과 은행 통장에 차곡차곡 넣었는데, 당시(2000년대 초) 은행 이자율이 4~5% 정도였기 때문에 돈이 돈을 버는 구조가 만들어지지 않았나 싶다.

아무튼 예담이의 책은 불티나게 팔렸다. 2000년대 초등학생이라면 한 번쯤은 이 책을 주제로 독후감을 쓰고, 엄마 손에 이끌려 어린이 통장을 만들어본 경험이 있을 것이다. 나 역시 어머니의 불호령이 무서워 책상에 반쯤 누운 자세로 몸을 비비 꼬며 억지로 책을 읽기 시작했다. 하지만 10분 정도 지나자, 너무나 흥미진진한 스토리 전개에 앉은 자리에서 책 한 권을 다 읽었다. 내게는 당시 1천만 원이 이 세상에 있는 모든 물건을 다 살 수 있을 큰돈으로 여겨졌는데, 나랑 몇 살 차이 나지 않은 누나(?)가 실제로 1천만 원을 모았다고 하니 나라고 못 할 것도 없을 것 같았다.

학교에서 제일가는 개구쟁이였던 나는 끓어오르는 피를 주체할 수 없어 당장 엄마에게 달려갔다. 그리고 이제부터 대가 없는 심부름은 하지 않겠노라고 선언하며 심부름마다 값을 매겨 냉장고에 붙여놓았다. 이런 앙칼진 아들의 모습에 엄마는 "우리 아들이 벌써 경제 관념이 생긴 거 보니 천재가 틀림없다." 하시며 토끼 같은 9살 아들에게 끼니당 100원을 징수하셨다. 아마 이때부터 '세상은 만만치 않구나…'라고 생각했던 것 같다. 어쨌든 끼니당 100원의 거래(deal)는 아빠의 흰머리 하나만 뽑으면 됐기에 나로선 그렇게 나쁘지 않은 거래였다. 9살. 이렇게 나의 첫 경제활동이 시작됐다.

9살의 패기가 얼마나 지속됐는지는 기억이 나질 않는다. 실제로 안 쓰는 장난감들을 모아 주말에 벼룩시장에 가서 물건을 판

기억도 있으니 꽤 오래갔던 것 같긴 하다. 그러나 어느 순간 평촌 초등학교 예담이가 되겠다는 생각은 희석되고 말았다. 아마 아빠의 흰머리를 뽑아가며 1천만 원을 모으려면 10만 개의 머리카락을 뽑아야 했기에 이것도 불효다 싶어 그만두지 않았나 싶다.

경제적 독립을 (강제적으로) 당하다

9살 아이에게 식사당 100원씩 징수했다는 사실에서 눈치챘겠지만, 우리 집은 결코 호락호락한 집안이 아니다. 엄마는 항상 입버릇처럼 20살이 되는 날부터 모든 경제적 지원은 끊겠다고 말했다. 그리고 20살이 되던 2014년, 그 말이 정말 현실이 되었다. 등록금과 입학금은 예상했지만, 평생 공짜인 줄만 알았던 교통비와 핸드폰 요금 청구서까지 내 앞으로 날아오니 눈앞이 캄캄했다.

당장 날아온 청구서는 명절에 받아 모은 용돈으로 해결했지만, 꿈꾸던 캠퍼스 라이프를 즐기려면 돈이 필요했다. 그래서 곧바로 알바천국을 켜고 전단을 돌려, 주중에는 패밀리 레스토랑 서빙을 하고 주말에는 고등학생 과외를 하며 돈을 모았다. 그렇게 시간이 흘러 예담이를 꿈꾸던 9살 어린이는 우리나라를 대표하는 기업의 CEO가 되겠다는 다짐과 함께 (무려 직접 번 돈으로) 경영학과에 입학했다.

어느 정도 돈을 모으고 입학했지만, 풋풋한 연애가 함께하는 캠퍼스 라이프는 없었으며(이건 돈의 문제가 아니었다), 경영학과가 CEO가 아닌 사무행정직에 최적화되어 있단 걸 깨달은 건 그 이후의 일이다.

어찌 됐든 첫 입학금과 등록금은 그렇게 모은 돈으로 무리 없이 해결했다. 하지만 막상 1학기를 다녀보니 학교생활과 알바를 병행하기는 도저히 힘들겠다는 생각이 들었다. 모아놓은 돈도 슬슬 바닥을 보이기 시작했다. 그와 동시에 '이제 난 어떻게 살지?'라는 생각만 가득했다.

주식만 하면 장밋빛 미래가 펼쳐질 줄 알았지

그러던 어느 날 아침, 안방에서 엄마의 비명이 들려왔다. 그 순간 엄마에게 일어날 수 있는 수만 가지 상황들을 상상하며 안방으로 뛰어간 나는 충격을 받을 수밖에 없었다. 엄마의 주식 계좌가 새빨간 색으로 도배되어 100%의 수익률을 기세등등하게 뽐내고 있었기 때문이다.

엄마에게 아무 일도 없었고 심지어 좋은 일이 일어난 건데 왠지 모르게 마음 한편이 아려왔다. 배신감이었다. 엄마는 입버릇처럼 "주식은 도박이다." "정직하게 일해야 한다."라고 말씀하셨는데 정작 본인은 나 몰래 주식을 하고 있었다니…. 아들이 발뒤꿈치에 물집이 잡히도록 뛰어다녀 번 돈을 앉은 자리에서 벌고 있었다니….

그래도 주식은 돈 많은 어른이나 하는 거고, 주식을 하면 패가 망신한다는 생각이 강했던 나에게 엄마의 소액 투자 성공기는 어둠 속의 '한 줄기 빛' 같았다. 돈 냄새를 맡은 나는 눈을 반짝이며 엄마에게 자초지종을 물어봤다.

상황의 경과는 이렇다. 엄마 친구분이 본인이 다니는 회사의 주식을 적극적으로 추천하셨는데 저렇게 열심히 이야기하니 안 살 수는 없어 100만 원만 샀다. 한동안 까먹고 있다가 확인해보니 원금의 두 배가 되었다는 것이다.

그 후 나는 그 친구분이 우리 집에 놀러 오기만을 목이 빠지라 기다렸다. 그리고 마침내 그 친구분이 우리 집을 방문했다. 평소 같으면 인사만 하고 방에 들어가 유튜브를 시청했겠지만, 정보가 급한 나는 "아, 진짜요?" "와 대박이다~" 등의 추임새를 남발하며 자연스럽게 수다 테이블에 끼어 앉았다. 어느덧 분위기는 무르익고, 호시탐탐 타이밍을 노리던 나는 마침내 친구분께 회사 전망은 어떨 것 같으냐고 물어봤다. 대답은 장밋빛. 앞으로 두 배는 더 오를 거라는 말에 당장 은행에 달려가 적금을 깨서 '올인'을 해버렸다.

결과는 어땠을까? 예상했겠지만, 불과 6개월 만에 -40%의 수익률을 기록했다. 초등학생 예담이는 12살에 1천만 원을 벌었지만, 대학생 앤츠는 20살에 200만 원을 잃은 것이다.

맞지도 않는 구두를 신고 8시간 이상 뛰어다니며 서빙을 해 모

은 돈을… 수능이 끝나고 다시는 펼치지 않겠노라고 다짐했던 수
능 특강을 들고 주 4회 과외를 뛰어다니며 번 그 돈을! 그렇게 날
려버렸다. 그래도 그분을 미워할 수는 없었다. 그분은 적금 넣듯
월급의 30%를 꼬박꼬박 그 주식에 투자하셨다고 했던 말을 기
억하고 있기 때문이다. 그 뒤로 그 친구분은 우리 집에 놀러 오지
않았다.

  이렇게 나의 20살 주식 인생이 시작되었다.

주린이가 빠지기 쉬운
세 가지 함정

1 │ 리딩방 "선생님, 저 영차 영차 열심히 했는데요…?"

20살이라는 나이에 200만 원이란 큰돈을 잃고 나니 주식이라면 이제 환멸이 났다. 나처럼 회사의 비전을 보고(?) 투자하는 선량한 개인 투자자의 돈을 기관과 외국인이라는 거대 자본들이 억지로 뺏어가는 게 주식이라는 생각이 들었다. 길거리에서 관광 온 외국인을 마주칠 때면, '저 사람이 내 돈을 가져갔을 수도 있어…' 라는 말도 안 되는 상상까지 했으니 말이다.

아무튼 증권 계좌에 남아 있는 작고 귀여운 돈을 보며 '그래, 내가 너네만이라도 살려야지.'라는 생각으로 출금 버튼을 누르려던 그때 나에게 한 통의 문자가 왔다.

☆★ ○○투자그룹, 전문가가 직접 운영하는 무료 카톡방,
수익률 200% 보장! ☆★

　내가 주식을 시작한 건 또 어떻게 알았는지 귀신 같은 타이밍이었다. 평소 같으면 스팸 처리하고 말았겠지만, 첫 종목에서 -40%라는 어마어마한 수익률을 기록하고 나니 이건 신의 계시가 아닐까 하는 착각을 불러일으켰다.

　나는 마치 소개팅이라도 받은 양 수줍게 문자를 보냈다. "혹시 제 투자금은 아주 귀엽게 생겼는데, 저 같은 사람도 괜찮나요?" 돌아오는 답은 이러했다. "투자금은 앞으로 키워나가면 됩니다. 걱정 마세요^^" 그리고 설명이 이어졌다. 원래는 무조건 유료로 진행되는데 이번 한 달만 무료로 진행된다고. 내가 운이 정말 좋은 거란다. 한 달간 리딩방을 체험하면서 자신의 실력을 확인해보고 그 후에 유료 회원이 된다면 월 수익률 30%는 우습게 찍을 수 있을 거라고 했다. 하지만 강요하지 않겠다는 말과 함께 그저 ○○투자회사 모바일 명함을 보내주었다. 워런 버핏의 연평균 수익률이 20% 정도라는데 이름 모르는 이 사람은 월평균 수익률 30%를 단언한 것이다.

　하지만 당시 나는 어차피 아무런 지식 없이 혼자 주식에 투자

하는 건 눈 가리고 찍는 것밖에 안 되니 차라리 한 달간 전문가의 추천 종목을 따라가면서 배우는 게 낫겠다는 생각이 들었다. 어차피 돈이 드는 것도 아니니 말이다. 또 들어가서 전문가가 추천해준 종목들을 무작정 따라 사는 것이 아니라, 이유를 분석해가며 공부를 하겠노라고 다짐했다. 게다가 이토록 강한 자신감을 보이시니, 돈을 갈고리로 쓸어 모으겠다는 큰 포부를 품은 사나이로서 혹하지 않을 수 없었다. (전문가 선생님의 이름이 '리치'인 것도 마음에 들었다.)

그렇게 초대된 단체 카톡방에는 나 말고도 20명 남짓의 사람들이 모여 있었다. 우리 방에는 일종의 룰이 있었는데 리치쌤이 '영차'라고 하면 참가자들이 '영차'라고 대답하는 것이었다. 오그라드는 걸 매우 싫어하는 난 조용히 정보만 얻자고 굳게 다짐했다. 하지만 대답을 잘 따라 하는 사람들은 체크해두었다가 개인톡으로 유료 정보까지 제공한다는 다음 말에 나의 굳은 다짐은 곧바로 눈 녹듯 사라져버렸다. 그렇다. 1분 뒤 나는 그 방에 있는 누구보다도 열심히 '영차 영차'를 외치고 있었다.

당시 나는 대학교에 다니고 있었다. 주식장이 한창일 때 나 역시 수업이 한창이었는데, 혹여나 수업에 집중하다가 '영차 영차'를 놓칠까 봐 맨 뒷자리를 사수하며 핸드폰만 들여다보았다. 등록금을 벌기 위해 주식을 시작한 건데, 비싼 등록금 내고 듣는 수업은 안중에도 없이 누군지도 모르는 사람의 말에 열심히 '영차 영차'를 외쳐대고 있었다. (당시 들었던 수업은 재수강을 했다.) 그때의 나를 만날 수 있다면 정신 좀 차리라고 흠씬 패주고 싶은 심정이다.

어찌 됐든 그렇게 한 달간 리치쌤이 사라면 사고, 팔라면 팔면서 리딩방을 성실히 따라갔다. 하지만 결과는 참담했다. '영차 영차'의 노력이 부족했던 것인가…. 자칭 전문가(?)의 지시대로 누구보다 열심히 따라갔는데 계좌 수익률은 -10%를 기록하고 있었다. 학점과 돈, 둘 다 잃은 것이다.

리치쌤은 하루에도 대여섯 개의 종목을 추천했는데 당연히 그중 오른 것도 있었지만 떨어진 것도 많았다. 한번은 ○○로봇의 주식을 추천하면서 이제 AI의 시대가 왔다느니, 스마트팩토리가 세계를 지배할 거라느니 ○○로봇을 매수해야 하는 이유를 장황하게 설명한 적이 있다. 당연히 나도 고개를 끄덕이며 '지당하신 말씀이지.'라고 생각하고 매수에 동참했다. 하지만 하루가 지나고 이틀이 지나자 ○○로봇이 -20% 정도까지 가길래 불안해서 인터넷을 찾아보자 ○○로봇은 무려 로봇청소기를 만드는 기업이라는 걸 알게 되었다. 머리가 멍해졌다.

'음…. 로봇청소기가 4차산업혁명을 지배할 수가 있나…?'

당장 리치쌤에게 "이거 로봇청소기 만드는 기업이던데 지금이라도 파는 게 좋지 않을까요?"라고 물어봤지만, 자신이 매도 사인도 안 줬는데 그런 말 하는 게 건방지다고 경고를 받은 적도 있었다. 결국 ○○로봇은 -50%가 되고서야 손절했고, 리치쌤은 끝까지 매도 사인을 주지 않았다. 이날 이후로 우리 집에는 로봇청소기가 없다. 나로선 이런 슬픈 사연이 있는 로봇청소기를 사용할 바에야 내 혀로 방바닥을 닦는 게 더 낫다고 생각할 지경이었으니 말이다.

그래도 나는 단톡방에서는 양반에 속했다. 다른 사람들은 나와 잃은 돈의 단위부터 달랐기 때문이다. 내게 -10%면 20만 원 정도인데 그 사람들은 수백, 수천만 원에 가까웠다. 물론 다른 사람이 더 많이 잃었다고 해서 내가 잃은 돈이 적어지는 건 아니다. 하지만 내심 내가 잃은 돈은 별거 아니라는 생각에 안심하게 되는 건 어쩔 수 없었다.

지금도 많은 주식 초보자들이 날아오는 문자에 혹해서 "리딩방에 한 번 참여해볼까?"라고 고민하고 있을 것이다. 실제로 리딩방을 참여해본 사람도, 심지어 유료 리딩방에 참여하고 있는 사람도 있을 것이다. 하지만 확실하게 말할 수 있다. 리딩방은 100% 사기라고.

상식적으로만 생각해도 하루에 5개씩 상승 종목을 맞춰가며 월 수익률 30%를 달성하는 사람이 있다면, 어디서든 어마어마한 거액을 들고 찾아와 그를 스카우트해갈 것이다. 정말 그런 사람이라면 스팸 문자를 몇백 통씩 돌려가며 200만 원을 가진 대학생에게 카톡방에 참여한 걸 환영한다고 웃으며 반길 필요가 없다. 이미 월스트리트에 프랍 트레이더가 되어 수많은 자산가가 돈다발을 들고 줄을 서고 있을 테니. 리딩방은 100% 사기다.

2 | 확증편향 "내가 산 주식은 반드시 오를 거야!"

그 후 나는 전문가도 별거 없다고 느끼며 스스로 종목을 고르기로 했다. 그렇다고 열심히 주식을 공부하거나 재무제표를 스스로 분석하는 건 아니었다. 네이버 기사를 깔짝대며 ○○ 관련주를 열심히 검색하고 매수하고를 반복하는 것뿐이었다.

그러던 중 우연히 A회사가 B회사를 상대로 기술을 빼내 갔다며 특허 기술 도용 소송을 제기한 기사를 보게 되었다. 나는 곧장 네이버 종목토론방에 가서 각 회사 분위기를 살펴보았는데, B회사의 승소가 거의 확실시되는 분위기였다. 토론방의 자칭 고수들은 자신이 이쪽 업계의 현직자니 변호사니 하면서 B회사의 승소가 사실상 확정되었다고 했다. 또한 B회사가 승소하게 되면 기업가치가 최소 두 배 이상 오를 것이라는 말에 나는 남은 자금을 모두 털어 B회사 주식을 매수하게 되었다.

정말 신기하게도 B회사의 주식을 매수하자마자 A회사를 옹호하는 기사를 쓴 기자들은 모두 거짓 정보를 퍼뜨리는 사람들로밖에 보이지 않았다. 심지어는 A회사가 승소할 거라고 믿는 사람들이 불쌍해 보이기까지 했다.

그러던 어느 날, 친구가 주식을 시작하려고 하는데 도와달라고 연락을 해왔다. 자기 주변에 주식을 하는 사람은 나뿐이랬다. 그도 그럴 것이 당시 우리 나이는 20살이었고, 주식 붐이 일기 훨씬 전인 2014년이었기 때문이다. 나는 당연히 친구에게 A회사와 B

회사의 소송 건을 이야기해줬고 친구도 홀린 듯 B회사의 주식에 코 묻은 돈을 모두 쏟아부었다.

소송 결과가 나오기 전날, 우리는 하룻밤 지내는 데 몇십만 원이 넘는다는 ○○호텔이 아주 잘 보이는 편의점에 앉아 맥주를 마시며 다짐했다. 내일 결과가 나오면 저기서 꼭 하룻밤을 보내자고. 비록 남자 둘이 가는 것이지만 남산타워가 훤히 보이는 저 호텔에서 칵테일을 마시며 자축을 하자고. 그렇게 우리는 거나하게 취한 채로 함께 잠이 들었다.

다음 날 8시 30분이 되자 눈이 번쩍 떠졌다. 그날따라 숙취도 없었고 컨디션은 당장이라도 하늘을 날 수 있을 정도로 최상이었다. 모든 게 완벽했다. 핸드폰을 보기 전까진.

예상했겠지만 B회사는 최종 재판에서 패소했다. 당연히 B회사의 주가는 장이 열리자마자 폭포수처럼 -20% 넘게 하락했고, 그걸 본 나는 아무 생각도 들지 않았다. 아, 이래서 영화 속 도인들은 폭포수 밑에 앉아 떨어지는 물줄기를 맞으며 명상에 잠기는구나 싶었다. 옆을 보니 친구는 웃는 얼굴로 잠에 빠져 있었다. 좋은 꿈이라도 꾸는 모양이었다. 얼마 후 친구 역시 기분 좋게 기지개를 켜며 일어나 핸드폰을 찾았다. (그 뒤의 일은 상상에 맡기겠다.)

그날 밤, 예상대로라면 ○○호텔에서 칵테일을 마시며 남산타워를 보고 있어야 할 우리는 또다시 어제의 편의점에 앉아 새우깡에 소주를 들이켜고 있었다. 친구는 멍하니 남산타워를 보며 나에게 한마디 했다.

"앤츠야, 인생 참 쓰다…."

  지금도 많은 초보자들이 "내 주식은 무조건 오를 거야!"라는 '확증편향'에 사로잡혀 있다. 특히 이런 현상은 '○○ 테마주'에서 가장 많이 발견할 수 있다. 2020년 미국 대선 때 트럼프 관련주라고 돌아다니던 종목 중 하나는 PER*가 500배에 달하기도 했다. 도대체 어떤 관련이 있나 하고 찾아보면, 그 기업의 회장이 트럼프와 같은 학교를 졸업했다는 등의 정말 말도 안 되는 이유로 테마주에 편입되어 있었다. 하지만 그 종목의 종목토론방에서는 트럼프의 재선이 확정되면 두 배, 세 배의 주가는 확정이라는 분위기가 만연해 있었다.

  물론 종목토론방에서 다양한 정보를 얻을 수도 있겠지만, 본인이 직접 자료를 찾아보거나 기업 분석을 하지 않고 종목토론방에 올라오는 글만 맹신하다 보면 확증편향에 빠져 제대로 된 판단을 못 할 가능성이 농후하다. 나와 내 친구가, 결국 편의점에서 다시 소주를 들이켤 수밖에 없었던 것처럼.

---

* PER: 주가를 주당순이익으로 나눈 지표. 통상적으로 PER가 10배 이상이면 고평가라고 한다.

3 | 뇌동매매 "그냥 느낌이야, 단타로 할 수 있겠어."

뇌동매매는 말할 것도 없이 대부분의 투자 초보자가 겪는 현상일 것으로 생각한다. 필자 역시 이 뇌동매매에서 벗어나기까지 정말 큰 노력과 돈과 시간이 필요했다. 경험상 뇌동매매는 '손절'*에서부터 비롯된다. 하루 종일 손절한 돈이 생각나서 '안 되겠다. 단타를 해서 오늘 손절한 걸 메꿔야지.'라는 생각으로 단타에 입성하게 되고 거기서 더 크게 손절하게 되는 악순환의 반복이다. 단타로 돈을 번 기억 때문에 자신이 욕심만 부리지 않으면 단타를 통해 매일 초과수익을 얻을 수 있을 거라는 '자기확신'. 이러한 생각이 뇌동매매의 시초가 아닐까 싶다.

그도 그럴 것이 처음 주식을 시작할 때 대부분의 투자자들은 이름만 들어도 누구나 아는 우량주 위주로 종목을 구성한다. 하지만 "주변 사람들이 하루에 얼마를 벌었다더라."라는 말을 듣고 주식을 시작한 건데 내가 산 종목은 매일 제자리걸음이니 답답해서 이내 매도한다. 그렇다고 어쩌다 잘 오르는 종목을 사게 되면, 그 종목을 계속 갖고 있는 것도 아니다. 조금 오르면 떨어질까 봐 무서워서 팔고, 떨어지면 떨어진다고 판다. 그러다 종목을 사고파는 빈도가 점점 잦아지고 단기 시세차익을 노리는 단타의 길로

---

* **손절**: 손해를 보고 종목을 파는 것.

접어들게 되는 사람들을 수도 없이 목격했다.

나 역시 하루 실현 손익 3만 원을 목표로 단타에 입성한 적이 있다. 그래도 나름 '3%가 되면 무조건 매도하기', '-5%가 되면 무조건 손절하기'와 같은 원칙은 세워놓고 시작했다. 당시 내 자본금이 300만 원 정도였는데 이런 원칙만 잘 지킨다면 하루 1% 정도는 쉽게 할 수 있다고 생각했나보다(하루에 1%씩 매일 수익을 실현하면 연 1천%의 수익률이다).

아무튼 이때부터 일 3만 원 실현 손익 프로젝트를 실행하고 매일같이 뉴스를 찾아보며 단타 거리를 찾아 나섰다. 실제로 4일 정도까지는 매일 3만 원을 벌었던 것 같다. 하지만 5일째 되던 날 자신감이 붙어버린 나머지 -5%가 돼도 손절하지 않고 오를 거라는 생각으로 가만히 지켜보다가 크게 손실을 보게 되었다. 운이 없었다는 생각밖에 들지 않았다. 아직 장이 끝나려면 몇 시간 남았으니 다른 곳에서 벌면 된다는 마음을 가지고 미리 준비하지 않고 거래량이 많은 종목을 찾아 나서기 시작했다. 그렇다. 진정한 도박꾼(Gambler)이 된 것이다.

그렇게 정신없이 매매를 마치고 나니 그날 손실은 -50만 원을 넘어갔다. 내가 뭘 한 것인지도 모른 채 손절에 손절만을 반복하고 있었다.

이렇게 주린이가 빠지기 쉬운 세 가지 함정에 빠져 허우적거린 앤츠였다. 이제 무엇을 해야 할까? 바로 나를 아는 일이었다.

공부의 시작,
진짜 나의 모습 받아들이기

실패하니까 청춘이다

코 묻은 돈으로 호기롭게 주식장에 입성한 필자는 이렇게 연달아 쓰디쓴 실패를 맛보았다. 주린이가 빠지기 쉬운 함정인 리딩방, 확증편향, 뇌동매매를 보기 좋게 모두 겪은 것이다. 리딩방에 참여하면서 잃은 돈은 그래도 '내 탓이 아니야.'라고 생각하며 버틸 만했는데, 뇌동매매로 잃은 돈은 정말 스스로 한심해서 견디기 힘들 정도였다. 내가 사면 떨어지고 팔면 오르는 상황이 반복되자 정부가 내 계좌를 사찰하는 것이 분명하다며 카메라를 찾던

내 모습이 생각나 너무 부끄러웠기 때문이다. 이대로는 경제적 자유를 이루기는커녕 거지가 되기 딱 좋았다.

이런 악순환의 연결고리를 끊어야 한다는 마음에 정신을 차리고 그간 나의 행적을 피드백하기 시작했다. 성공보다 실패에서 배우는 점이 더 많다고 했던가. 연달아 겪은 실패에서 얻은 교훈은 명확했다. 우리 같은 20대 투자자, 혹은 갓 주식을 시작해서 작고 귀여운 돈을 투자금으로 사용하고 있는 우리는 남들보다 실패를 훨씬 적은 돈으로 할 수 있다는 것! 다만 실패에서 끝나면 남는 것이 없고 실패를 통해 한 단계 성장해야 의미가 있는 것인데. 필자는 '나는 주식을 잘해.'라는 착각에 빠져 이런 과정 없이 시간과 돈만 버리고 있었다. 겸손해지고 나의 진짜 모습을 받아들일 필요가 있었다.

우선 내가 가진 우위가 무엇인지를 생각했다. 그렇게 해서 가장 먼저 나온 결론이 '잃어도 적게 잃을 수 있다는 것'이다. 사실 그렇다. 주식을 하다 보면 수익이 났을 때 항상 같은 생각이 든다. '아, 더 살 걸.' '아, 투자금에 0 하나만 더 붙었어도 이게 얼마야 대체.'와 같은.

하지만 생각해보자. 아무런 공부조차 하지 않고 투자하는 우리는 분명 버는 날보다 잃는 날이 더 많을 텐데 손해를 봤을 때 0이 하나가 더 붙었다면? 상상만 해도 끔찍하다. (실제로 필자는 -40%를 찍었던 날 식음을 전폐했다.) 하지만 우리는 잃어도 집 한 채가 날아가는 수준(그 반의반의 반도)은 아니라는 것. 즉 적게 잃을 수 있을 때 공부한 투자 이론을 직접 시행해보고 자신만의 매매 원칙과 방법을 익혀야 한다는 것이다. (매매 원칙에 대한 중요성은 지금뿐 아니라 앞으로도 꾸준히 언급된다.)

기초 체력을 키워 나만의 원칙 만들기

그러기 위해서는 투자에서 기본이 되는 지식, 예컨대 분산 투자 이론이나 재무제표 분석법과 같은 지식을 익혀야 하며, 이를 바탕으로 직접 실전에 사용해가며 나의 몸에 딱 맞는 맞춤 투자법을 만들어내야 한다.

'기본에 충실해지자.'라고 판단한 필자는 곧장 서점으로 달려가 투자에 기본이 되는 이론들을 소개하는 책과 회계와 재무 전공 서적들을 닥치는 대로 읽기 시작했다. 세계적인 투자자인 워런 버핏과 피터 린치에 관한 책들부터 학교에서 배우고 책장에 박아두었던 영어로 된 전공 서적까지 말이다.

한 번 읽어서 이해가 안 되는 내용이면 두 번, 세 번 거듭 읽어가며 나의 지식으로 만들기 위해 노력했다. 평소 학구열이 뛰어난 편도 아니고 책이라면 보기만 해도 몸이 꼬이기 시작하는 나였지만, 막상 돈이 걸려 있다 생각하니 어느 순간 책 속에 빠져 필사적으로 읽고 있었다. 실제로 그렇게 몇 달간 책에서 배운 내용과 재무 이론들을 직접 매매를 통해 적용해보니 확실히 돈이 점점 벌리기 시작했다. 좀 더 자세히는 이론들을 바탕으로 직접 매매를 해보고 나의 성향과 맞는 투자법을 찾아내어 원칙을 만들어가기 시작했다. 그 결과 근 1년간 다양한 짓으로 잃었던 투자금 역시 1년이 채 되지 않아 다시 회수하는 쾌거를 이루기도 했으니 말이다.

이제부터 주식 투자를 하기 전 알아야 하는 지식과 꿀팁을 알려주겠다. 이 책만 잘 따라와도 나 앤츠처럼 맨땅에 헤딩하는 일은 없을 것이다.

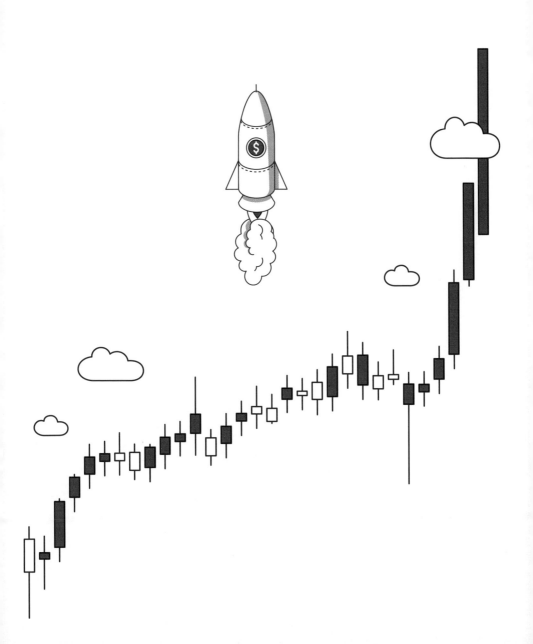

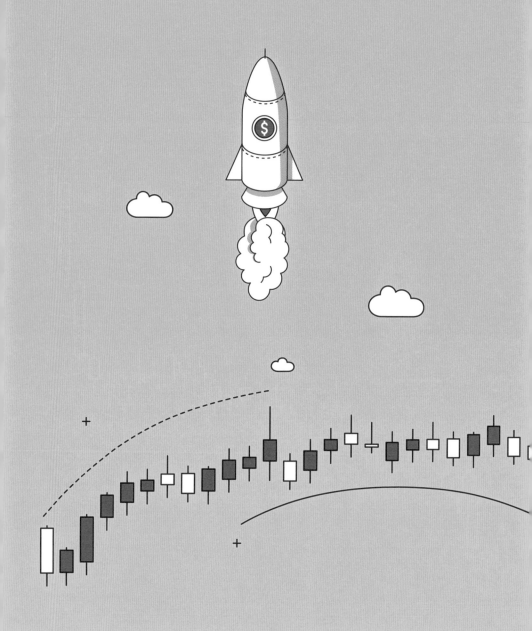

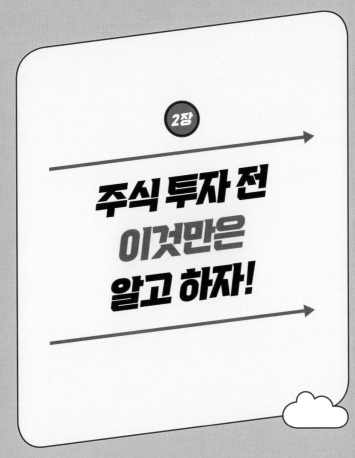

2장

주식 투자 전 이것만은 알고 하자!

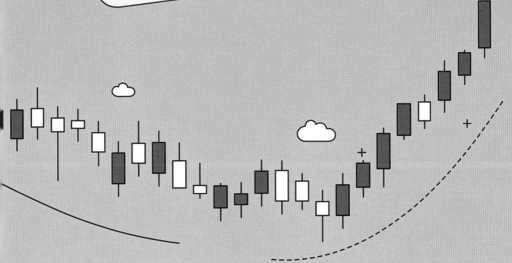

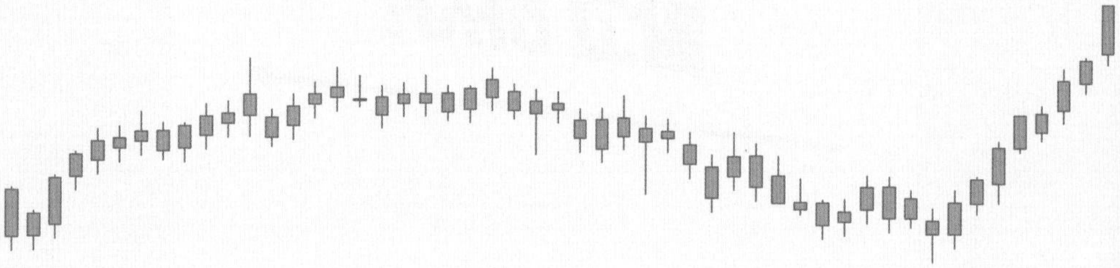

천 리 길도 한 걸음부터 ①
주식 투자 용어 정리

무작정 서점에 달려간 첫날, 제목에 '주식'이 붙은 책 하나를 집어 들었지만 이게 대체 무슨 말인가를 파악하느라 한나절이 걸렸다. 너무 기본적인 용어조차 모르고 있었기 때문에 아무리 좋은 이야기도 소귀에 경 읽기밖에 되지 않았다. 기본적 용어에 대한 이해 없이 주식 책을 읽는 건 그만큼 그 책이 전달하고자 하는 교훈을 제대로 얻어갈 수 없다는 뜻이다.

최근 필자는 같은 대학을 졸업한 친한 동기에게 전화 한 통을 받았다. 평소 주식에 '주' 자도 모른다던 동기는 주위 사람들 모두 삼성전자를 사길래 자기도 한 번 사보려고 하는데 지금 삼성전자를 사도 되는지 모르겠다고 했다. 통화의 핵심은 "삼성전자 지금 사면 오르냐?"였다.

사실 이 질문에 명쾌하게 "그렇다"라고 대답하기는 정말 곤란하다. 삼성전자의 주가는 국내 시장에 매우 큰 영향을 줄 정도로 덩치가 크기 때문에 "삼성전자가 계속 오를 것 같냐?"라는 말은 곧 "앞으로도 주식시장이 오를까?"와 같은 맥락이기 때문이다. 물론 필자는 장기적인 투자 관점에서 삼성전자에 대해 굉장히 긍정적이고, 그냥 걱정 없이 사도 된다고 말하고 싶다. 하지만 투자자마다 기다릴 수 있는 시간, 포트폴리오 구성, 투자금의 규모 등이 모두 다르므로 이와 같은 대답을 확실하게 해줄 수는 없다.

삼성전자를 '지금' 타이밍에 샀을 경우 단기적으로 오를지 내릴지는 국제 정세와 환율, 코로나19 확진자 수의 추이 등 복잡하게 생각하면 끝이 없다. 또 이 모든 걸 고려한다고 해도 시장의 단기적 방향을 알 수 없다. 내 머릿속은 '이걸 뭐라 말해야 하지.'라는 생각으로 가득 찼다. 잠시 고뇌에 잠겼지만 '최대한 쉽게 설명해보자!'라고 마음먹고 입을 열었다.

"음… 삼성전자의 시가총액이
코스피 전체 시가총액의 25% 이상 차지하거든?"
"시가총액? 코스피?"

그렇다. 최대한 쉽게 설명하기 위해 뱉은 말은 동기가 듣기에 모르는 단어로 가득한 문장이었던 것이다. 그래도 우린 나름 경영학과를 졸업했고 심지어 이 동기는 미국에서 석박사 과정(다행히 경영 분야는 아니다)을 밟고 있는 엘리트인데, 주식시장에서 사용하는 기초적인 용어도 모르고 있었다.

물론 주식 투자를 할 때 금융 용어를 모두 알 필요는 없다. 하지만 시장에서 사용하는 기본 용어를 알고 있어야 내가 산 기업이 어떻게 되고 있고, 증시는 어떻게 흘러가고 있는지를 이해할 수 있다. 그리고 이런 이해가 있어야 더욱 현명한 투자 전략을 세울 수 있다.

주식을 하면 뉴스에 관심을 가져야 한다고들 말한다. 그래서 뉴스를 보면 코스피 지수는 어쩌고, 코스닥, 다우, S&P500, 나스닥 지수는 전일 대비 어쩌고 등 통 알아듣지 못할 용어들이 가득하다. 즉 이러한 용어를 모르면 뉴스를 봐도 정보를 100% 습득할 수 없다는 문제가 생긴다. 따라서 본격적으로 투자를 설명하기에 앞서 '이것만은 알아야 한다!' 싶은 용어들을 정리했다.

❶ 시가총액

정말 중요한 단어다. 시가총액에 대한 이해 없이 주식을 한다는 것은 물건의 가격을 모르고 쇼핑을 한다는 것과 같은 말이기 때문이다. 시가총액은 상장 주식을 '시가'로 평가한 그 주식의 시장 가치다. 쉽게 말해 회사가 '지금' 거래되고 있는 가격을 말한다. 한 기업의 시가총액은 '발행주식 수 × 현재 주식의 가격'으로 계산한다. 즉 발행주식 수가 많으면 많을수록, 현재 주가가 높으면 높을수록 시가총액 역시 높다. 많은 사람이 주식의 가격이 비싸면 그 회사가 더 큰 줄 알지만, 이는 시가총액에 대한 이해가 없어서 그렇다.

모든 조건이 같은 A회사와 B회사가 있다고 가정해보자. 조건은 다음과 같다.

항목	발행 주식 수	주당 가격(주가)	시가총액
A회사	1,000주	1,300원	1,300,000원
B회사	100주	10,000원	1,000,000원

우리가 사용하는 주식 앱에서는 B회사의 주당 가격이 1만 원이기 때문에 A회사보다 B회사가 훨씬 더 비싸다고 생각할 것이다. 하지만 정작 시가총액을 보면 A회사가 B회사보다 시가총액이 무려 30%나 더 높다. 투자자 입장에서는 모든 조건이 같은(업종, 매출, 이익 등) 두 기업 중 한 곳에 투자를 고려할 때 굳이 A회사를 살 이유가 전혀 없다. 하지만 시가총액이라는 개념을 모르는 투자자는 단지 A회사는 1,300원이고 B회사는 1만 원이라는 이유로 A회사를 살 것이다.

이처럼 기업의 가격을 판단할 때 시가총액을 생각하지 않는다면 주가는 전혀 의미 없는 숫자가 된다. (오히려 사실을 왜곡시킨다.) 따라서 기업의 매수, 매도를 판단할 때는 시가총액을 토대로 동일 업종과 경쟁사 등을 비교한 후 매매 결정을 내려야 현명한 투자를 할 수 있다.

(시가총액은 네이버에 '시가총액'을 검색하면 코스피와 코스닥 시장에 상장된 기업들의 순위가 나온다. 앱에서 역시 내가 보유한 기업의 시가총액을 쉽게 확인할 수 있다.)

❷ 코스피(KOSPI)

코스피는 아마 주식을 시작하면 가장 많이 듣게 될 단어가 아닌가 싶다. 그만큼 주식을 한다면 꼭 알아야 하는 단어이기도 하다. 코스피는 '국내 종합주가지수'를 말한다. 쉽게 말해 현재 주식시장에 상장된 모든 기업의 주식 가격을 하나로 묶어 표시한 지표라고 보면 된다. 누군가 "오늘 시장이 어때?"라고 물었을 때 오늘 삼성전자가 얼마 내렸고 SK하이닉스가 얼마 올랐고 등등 모든 기업을 말해줄 수는 없으므로 '코스피'라는 하나의 지수로 묶어서 표시한 것이다.

코스피 지수의 등락은 우리나라 주식시장 전체의 움직임을 나타낸다. 따라서 코스피 지수가 전일 대비 1%P 하락했다는 뜻은 그날 주식시장에 상장된 모든 기업의 주가 변동을 총합해봤을 때 상장된 전체 기업의 시가총액으로 보면 1%P 하락했다는 의미다.

❸ 코스피200

코스피가 국내에 상장된 모든 기업의 주가를 나타내는 지표라면,

코스피200은 그중 덩치가 큰 기업 200종목의 주가를 나타내는 지표다. 국내에 상장된 기업 중 업종의 대표성, 거래량, 기업의 덩치를 고려해 선정한 200종목의 주가를 나타낸다. 우리가 이름만 들으면 아는 기업들은 모두 코스피200에 속해 있다고 보면 된다.

코스피200의 채용 종목은 매년 1회(6월) 정기적으로 변경된다. 코스피200에 선정되느냐 퇴출당하느냐는 기업뿐 아니라 투자자에게도 매우 민감한 이슈다. 이는 뒤에서 더욱 자세하게 설명하도록 하겠다.

❹ 코스닥(KOSDAQ)

코스피200은 '대기업'이 속해 있는 지수라면, 코스닥 지수는 상대적으로 '중견·중소기업'이 속해 있는 지수다. 상대적으로 영세한 중소기업 등의 자금 조달을 위해 만들어졌다. 이 중에서도 '코스닥50' 지수는 코스닥 상위 50개 기업을 따로 묶어 만든 지표다.

코스닥 시장에는 우리가 이름을 들어도 잘 모르는 기업들이 다수 속해 있지만, 코스닥50 지수에는 "어? 얘네가 코스닥이야?" 할 정도로 인지도가 높은 기업도 많이 속해 있다. 대표적으로 셀트리온헬스케어, 셀트리온제약, 카카오게임즈, 펄어비스, 에코프로비엠 등이 있다.

❺ ETF(Exchange Traded Fund)

ETF 역시 주식 투자에서 정말 중요한 개념이자 상품이다. ETF 는 쉽게 말해서 '패키지'라고 보면 된다. 투자자들이 개별 주식을 고르는 번거로움이 없는 펀드와 언제든지 시장에서 사고팔 수 있는 주식의 장점을 모두 가지고 있는 상품이다. ETF에는 '삼성그룹 ETF', '2차전지 ETF', '코스피200 ETF' 등 엄청나게 다양한 상품이 존재한다. 이해를 돕기 위해 삼성자산운용에서 운영하는 'KODEX 삼성그룹' ETF를 예로 들어 설명하겠다.

만약 삼성전자, 삼성SDI, 삼성바이오로직스, 삼성에스디에스 등 다양한 삼성 계열사에 투자하고 싶을 때는 어떻게 해야 할까? 직접 각 종목을 구매하는 방법도 있지만 이를 모두 사기에는 금전적으로 부담될 것이다. 그럴 때 'KODEX 삼성그룹'이라는 ETF를 구매하는 방법이 있다. 1주에 1만 원 정도 하는 이 ETF

● KODEX 삼성그룹

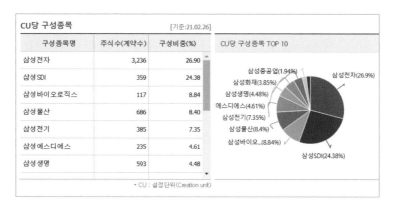

CU당 구성종목		[기준:21.02.26]
구성종목명	주식수(계약수)	구성비중(%)
삼성전자	3,236	26.90
삼성SDI	359	24.38
삼성바이오로직스	117	8.84
삼성물산	686	8.40
삼성전기	385	7.35
삼성에스디에스	235	4.61
삼성생명	593	4.48

* CU : 설정단위(Creation unit)

CU당 구성종목 TOP 10

삼성중공업(1.94%)
삼성화재(3.85%)
삼성생명(4.48%)
에스디에스(4.61%)
삼성전기(7.35%)
삼성물산(8.4%)
삼성바이오...(8.84%)
삼성전자(26.9%)
삼성SDI(24.38%)

를 사면 간접적으로 다양한 계열사가 있는 삼성그룹 전체에 투자하는 효과가 있다.

ETF의 구성 비율은 앞쪽 그림대로 되어 있으며, 매일 각 종목의 시세에 따라 ETF의 가격에 반영된다. ETF는 적은 금액으로 다양한 기업에 투자하면서 리스크 분산 효과도 누릴 수 있는 최고의 상품이라고 생각한다. 필자 역시도 ETF에 투자 비중이 높다.

❻ 인덱스펀드(Index Fund)

인덱스펀드는 앞서 말한 코스피200, 코스닥50 등에 투자하는 ETF라고 보면 된다. 개별 기업에 투자하는 대신 코스피, 코스닥 혹은 코스피200, 코스닥50 등과 같은 '지수'에 투자하는 상품이다. 기업과 투자자 입장에서 코스피200과 코스닥50의 편입 여부가 중요한 이유가 이 인덱스펀드 때문이다. 인덱스에 포함되느냐, 제외되느냐에 따라 대규모 자금 유입 측면에서 차이가 크기 때문이다.

외국인과 대형 기관은 개인 투자자보다 상대적으로 인덱스펀드 상품에 큰돈을 투자한다. 외국 입장에서 한국 시장에 투자하는 것은 보통 한국의 특정 기업에 투자하는 의미보다 리스크 분산 측면에서 '한국 시장' 자체에 투자하는 경우가 많기 때문이다. 그러다 보니 상대적으로 개별 기업 리스크가 적은 인덱스를 구매한다.

만약 내가 투자하는 기업이 코스피200에 편입된 종목이라면 대형 투자자들이 인덱스를 구매할 때마다 간접적으로 자금 유입이 되는 효과가 있는 것이다.

❼ 다우존스 지수

뉴스와 신문에서 코스피, 코스피200, 코스닥 지수와 함께 자주 거론되는 지수다. 다우존스 지수는 뉴욕 증권시장에 상장된 우량기업 주식 30개 종목을 표본으로 한 세계적인 주가지수라고 보면 된다. 애플, 코카콜라, 디즈니, 마이크로소프트, 세일즈포스, 골드만삭스, 나이키 등 세계적인 다국적 기업이 포함된다.

❽ S&P500

주로 'S&P 파이브헌드레드' 지수라고 불리며 다우존스와 함께 대표적인 세계 주가지수다. 국제 신용평가기관인 미국의 S&P(Standard and Poor's)가 작성한 주가지수며 다우존스와 마찬가지로 뉴욕에 상장된 기업의 지수를 나타낸다. 다만 다우지수는 30개의 기업만을 대상으로 했다면 S&P500은 500개의 우량기업주를 중심으로 선정한다. 이 중 400개가 공업주이기 때문에 상대적으로 애플, 마이크로소프트, 테슬라 등의 대형 테크(Tech)주들의 영향을 많이 받는다.

❾ 나스닥(NASDAQ)

나스닥은 미국뿐만 아니라 전 세계의 벤처기업들의 자금 조달을

위해 형성된 시장이다. 한국에서도 쿠팡이 나스닥에 상장한다고
해서 한때 큰 이슈였다. 비록 벤처기업들의 자금 조달을 위해 형
성되었다고는 하지만 마이크로소프트나 인텔 같은 세계적 기업
들도 속해 있는 시장이다.

천 리 길도 한 걸음부터 ②
그래서 주식이 뭔가요?

주식의 구조

서점에 달려가 단어 하나하나 핸드폰으로 찾아가며 책을 읽던 중 나는 큰 충격을 받았다. '주식'이라는 것이 정확히 뭔지도 모르고 있었다는 사실을 깨달았기 때문이다. 나름 1년간 열심히 주식을 했고, 경영학과에 다니고 있는데, 주식이 뭔지도 몰랐던 것이다.

당연한 이야기지만 주식을 하기 위해서는 가장 먼저 주식이 뭔지 정확히 알 필요가 있다. 많은 이들이 주식은 회사에 투자하는 것이라는 것을 알지만, 정확히 어떤 구조로 어떻게 투자가 되고 있는지는 잘 모른다. "이런 걸 몰라도 돈 벌 수 있다!"라고 하면 할 말은 없지만 적어도 주식을 하려면 주식시장에 대한 이해가 있어야 한다고 생각한다. 전쟁터에 나가 싸우는데 자신이 누구와 싸우는지, 이 싸움의 목적이 뭔지를 알고 싸우는 것과 모르고 싸우는 것에는 큰 차이가 있기 때문이다.

기본적으로 기업이 자금 조달을 위해서 주식을 발행한다는 사실은 다들 알 것이다. 단순하게 생각했을 때 은행에서 돈을 빌리면 편할 텐데 기업은 왜 굳이 복잡한 기업공개(IPO) 과정을 거쳐 주식을 발행할까? 주식이 무엇인지를 정확히 알기 위해서는 기업의 자금 조달 시장에 대한 이해가 필요하다.

기업의 자금 조달은 크게 세 가지로 분류할 수 있다.

❶ 차입   ❷ 채권 발행   ❸ 주식 발행

가장 쉬운 방법은 '차입'이다. 차입은 은행에서 돈을 빌려오는 것인데, 쉽게 말해 대출이라고 생각하면 된다. 채권, 주식 발행과 비교하면 훨씬 간편하므로 기업의 입장에서는 가장 선호하는 방식이다. 하지만 기업의 자산, 부채 상황에 따라 대출금의 한도가 있으므로 매출이 충분하지 않은 기업이 자금을 조달받기에는 적절치 않다. 기업이 은행에서 차입했을 경우 원금 상환 의무와 함께 대출금에 대한 이자를 지급해야 한다.

차입

앤츠가 100만 원의 노트북을 사기 위해 은행에서 1년 만기 연이율 4%로 돈을 빌렸다. 앤츠는 1년 후 원금 100만 원과 이자 4만 원을 은행에 납부할 의무가 생긴다.

채권 역시 차입과 같은 개념이다. 하지만 빌린 돈에 대한 상환 의무를 빚문서와 같이 '증권화'한 것으로 생각하면 된다. 증권화를 했기 때문에 돈을 빌려준 사람은 이 빚문서를 다른 사람과 사고팔 수 있게 된다. A라는 사람에게 돈을 빌리고 A에게 채권을 지급했더라도, A가 B에게 채권을 넘겼으면 회사는 B에게 이자와 원금을 지급할 의무가 있는 것이다. 어찌 됐든 돈을 빌리고 그에 대한 이자와 원금 상환 의무가 있다는 점에서는 차입과 비슷하다.

채권

앤츠가 100만 원의 노트북을 사기 위해 A에게 1년 만기 연이율 4%인 채권을 발행해 돈을 빌렸다. A는 급하게 돈이 필요해 B에게 앤츠의 채권을 팔았다. 앤츠는 1년 후 A가 아닌 B에게 원금 100만 원과 이자 4만 원을 지급할 의무가 생긴다.

이처럼 차입과 채권 발행을 통해 빌린 돈은 이자 비용이 발생하면서 원금 상환 의무가 있기 때문에 기업의 '부채(liabilities)'로 기록된다. 또한 우리 회사의 자본이 아니므로 '타인자본'이라고도 말한다.

마지막은 기업공개(IPO)를 통해 주식을 발행하는 방법이다. 주식은 '회사의 주인이 될 권리'다. 기업이 주식을 발행하면 주식을 산 투자자에게 자금을 조달받게 되지만 차입과 채권처럼 투자자에게 원금과 이자를 돌려줄 필요는 없다. 하지만 기업은 투자자에게 원금과 이자를 상환하는 대신 회사가 번 돈의 일정 부분을 '배당'을 통해 돌려줘야 한다.

주식

앤츠가 100만 원의 노트북을 사기 위해 A에게 투자를 받았다. 앤츠가 산 노트북은 A가 사준 것이기 때문에 그 노트북으로 번 돈의 일정 부분을 다시 A에게 지급한다. 하지만 앤츠가 노트북을 잃어버려 더는 일을 할 수 없게 된다면 A에게 원금을 줄 필요는 없다.

이렇게 주식을 통해 조달한 돈은 기업의 '자본(capital)'으로 기록된다. 투자자에게 원금 상환 의무도 없고 이자를 줘야 할 이유도 없으므로 '자기자본'이라고 말한다.

주식을 발행하면 이자와 원금을 주지 않아도 되니 좋다고 생각하지만, 보통 회사들은 '차입 〉 채권 발행 〉 주식 발행' 순으로 자금 조달하는 것을 선호한다. 회사가 원치 않는 사람들이 회사 경영에 간섭하는 것을 싫어하기 때문이다. 중요한 건 채권은 부채

● 차입 및 채권과 주식의 비교

구분	차입 및 채권	주식
항목	부채(타인자본)	자본(자기자본)
원금 상환 의무	O	X
이자 발생 여부	O	X

로 인식되고 주식은 자본으로 인식된다는 것이다.

기업은 영업 활동을 계속 영위하면서 덩치가 커지면 커질수록 더 많은 자금이 필요하다. 따라서 은행에 차입하거나 채권을 발행하는 행위, 혹은 증자*를 했다는 공시를 심심치 않게 볼 수 있다. 이때 내가 투자한 회사가 어떤 방법으로 자금 조달을 했는지, 이에 따른 영향은 어떨지를 판단할 수 있어야 한다.

차입하거나 채권을 발행하면 기업의 부채가 늘어난다. 부채는 당연히 원금을 갚아야 할 의무가 있으며 기간에 상응하는 이자를 지급해야 한다. 만약 내가 투자하고자 하는 기업에 부채가 많다면, 돈을 벌어도 모두 이자 비용으로 나갈 확률이 높다. 따라서 기업을 고를 때는 적정규모의 부채를 가지고 수익을 창출할 수 있는 능력이 있는지를 봐야 한다.

부채가 회사의 규모 대비 적은지, 회사가 버는 돈이 부채를 얼

* 증자: 주식을 추가로 발행하는 것.

마나 감당하고 있는지 등은 모두 재무제표를 통해 확인할 수 있다. 이는 뒤에서 자세하게 다루도록 하겠다.

주식을 살 때 알아야 할 사실은 내가 투자한 돈은 원금보장이 되지 않는다는 것이다. 따라서 주식 투자자는 '돈을 잘 버는 회사' 혹은 '돈을 잘 벌 것으로 예상하는 회사'에 투자해야 한다. 기업은 주주에게 원금과 그에 대한 이자를 지급하지 않고 오로지 '배당'을 통해서 투자에 대한 보상을 준다. 배당은 고정적인 금액이 아니고 회사의 실적에 따라 가변한다. 즉 돈을 벌지 못하는 회사는 배당을 줄 수 없고 주식 투자자 역시 투자에 대한 보상을 받을 수 없다.

물론 주식이 내가 산 가격보다 더 비싸게 거래되는 경우 시세 차익을 통해 이득을 볼 수도 있지만, 근본적으로는 돈을 많이 버는 기업의 주가가 오르는 것이기 때문에 이 역시 같은 맥락이라고 생각하면 된다.

어찌 됐든 이처럼 주식을 매수한다는 것은 우리가 생각하는 것보다 훨씬 많은 의미가 담겨 있다. 주식을 매수한다는 것은 회사의 자금 조달에 참여했다는 의미이며 '회사의 권리'를 구매한 것과 다름없다. 따라서 주식을 매수한 투자자라면 과거 기업의 활동과 현재 기업의 상태, 앞으로 기업의 방향성에 대해 꼼꼼히 모니터링할 필요가 있다. 주식을 단순히 '단기 차익 실현'의 목적으로 접근하지 말자는 의미다.

주식시장에서 살아남기

이제부터 주식에 대한 원론적인 이야기 대신 주식시장의 실제 민낯에 대해 알아보자. '자본주의의 꽃'이라고 부르는 주식은 완벽히 시장 논리에 따라 작동한다. 우리가 주가라고 이야기하는 회사의 가격 역시 수요와 공급의 균형에 따라 결정된다. 그렇기 때문에 수요가 많은 주식은 주가가 올라갈 것이고, 공급이 많은 주식은 주가가 내려간다.

수요와 공급을 결정하는 요인에는 회사의 실적, 정부의 정책, 금리의 변화 등 수많은 요인이 포함된다. 하지만 간과하지 말아야 할 것은 어찌 됐든 가격을 움직이는 건 시장참여자들이라는 점이다. 통상 금리가 인상되면 기업들의 부채 비용이 증가하기 때문에 주식시장에는 악영향을 끼친다. 하지만 금리가 인상되었기 때문에 하락장이 오는 것이 아니라 금리 인상이라는 이슈를 시장참여자들이 부정적으로 받아들였을 때 비로소 하락장이 찾아온다. 시장참여자들이 금리가 인상되었음에도 기업에 미치는 영향이 적다고 판단하거나 그 외에 다른 긍정적인 이슈가 더 크다고 판단하면 금리 인상은 시장에 별다른 타격을 주지 않는다.

따라서 주식에는 '정답'이라는 것이 없다. 'A이면 B이다.'라는 논리가 적용되지 않고 어찌 보면 시장참여자들의 심리까지 파악해야 하는 영역이기 때문에 '예측이 불가능한 영역'이라고도 볼 수 있다.

주식은 이처럼 예측할 수 없는 영역 내에서 이루어지는 제로섬(Zerosum) 게임이다. 물론 시장이 꾸준히 우상향했을 때는 모두가 버는 구조가 될 수도 있지만, 기본적으로는 누군가가 번 만큼 누군가는 잃는 구조다. 하지만 예측할 수 없다고 해서 모든 시장 참여자들이 동등한 위치에서 투자하는 것은 아니다. 주식은 '정보의 비대칭성'과 '규모의 경제'가 작용하는 시장이기 때문이다.

정보의 비대칭성이란 특정한 사람들이 다른 사람들보다 더 많은 정보를 가지고 있는 상황을 말한다. 흔히 중고차 시장에서 딜러와 고객(구매자) 간의 관계에서 자주 발생한다. 딜러는 중고차의 사고 이력, 부품 연식 등 구매자보다 훨씬 많은 정보를 가지고 있으며 구매자에게는 선택적으로 정보를 전달할 수 있다. 이로 인해 중고차 시장에서는 항상 구매자가 딜러보다 불리한 위치에 속해 있다.

이러한 정보의 비대칭성은 기업의 경영자와 주주 간에 발생하기도 하며, 투자자 간에도 발생한다. 물론 금융감독원이 엄격한 모니터링을 통해 경영자나 이해관계자가 내부 정보를 이용해 거래하는 것을 금지하지만 완벽하게 통제할 수는 없다. 실제로 내부 정보를 이용해 거래 정지 전날 주식을 팔아버리는 경영진 또는 이해관계자에 관한 뉴스는 매년 나오고 있다.

규모의 경제(Economic of scales)는 '생산요소 투입량 증대에 따른 수익 향상'을 의미하는 경제 용어다. 쉽게 말해 운용하는 돈이 클수록 수익이 증대한다는 말이다. 주식시장 역시 마찬가지다.

얼핏 보면 투자금이 클수록 얻을 때는 크게 얻고, 잃을 때는 더 크게 잃기 때문에 소액 투자자와 동등한 위치라고 생각할 수 있다. 하지만 투자금이 많을수록 다양한 종목과 다양한 자산에 분산 투자가 가능하며, 헤지* 포지션 또한 구축할 수 있으므로 훨씬 더 안정적으로 자산을 운용할 수 있다.

제로섬 게임에서 참가자 간의 위치에 차이가 있다는 것은, 많은 정보를 가지고 있거나 거대 자본을 운용하는 투자자가 상대적으로 정보도 없고 소액을 운용하는 투자자의 돈을 가져갈 확률이 높다는 것을 의미한다. 개인 투자자가 이러한 주식시장에서 살아남기 위해서는 다음의 방법밖에는 없다.

개인 투자자가 주식시장에서 살아남는 방법

❶ 매일 글로벌 증시의 흐름을 파악하고 이에 대한 시장참여자들의 반응을 포트폴리오에 실시간 수정, 반영하든가. (거대 자본을 가진 기관 투자들은 개인 투자자만큼 유연하게 포트폴리오를 수정할 수 없다.)

❷ 자기 종목에 대한 확신과 인내심을 가지고 자신의 종목이 오르길 기다리든가.

---

* **헤지(hedge):** '대비책'이란 의미로 가격 변동의 위험을 선물의 가격 변동으로 상쇄하는 거래. 보통 기관과 헤지펀드들은 A종목을 큰 비중으로 매수할 때, 이에 대한 보험으로 A종목이 하락할 때 수익을 얻는 옵션을 일정 비율 같이 매수하는데 이를 위해서는 '프리미엄'이라는 큰 비용이 동반된다. 이처럼 A종목을 매수하고 옵션을 통해 헤지하면 A종목의 주가가 오르면 오르는 대로 수익을 얻을 수 있고, A종목의 주가가 내려가면 하락을 방지하는 효과가 있다.

천 리 길도 한 걸음부터 ③
투자자라면 장기 투자하라!

우리는 어떤 식으로 투자해야 할까?

본격적으로 주식 투자에 들어가기 전 투자자가 가져야 할 마인드
에 대해 설명하고자 한다. 사실 재무제표를 열심히 분석해서 아
무리 좋은 종목을 발견했다고 하더라도 투자 마인드가 제대로 잡
혀 있지 않으면 돈을 벌 수 없는 것이 주식이다.

다들 한 번쯤은 '아, 저거 내가 샀던 건데.' 혹은 '아, 저거 오를
줄 알았는데.'라는 마음으로 끝없이 올라가는 종목을 하염없이
바라봤던 경험이 있을 것이다. 그렇다면 당시 우리는 왜 오를 줄

58

알았던 그 종목을 내 계좌에 편입시키지 않았을까? 혹은 왜 좋다는 걸 아는 종목을 사놓고 조금 내려간다고 무서워 팔았을까? 그건 다 제대로 된 투자 마인드가 확립되어 있지 않아서다.

내가 수년간 주식을 하면서 본 주식으로 돈을 버는 사람과 그렇지 못한 사람의 차이는 명확했다. 바로 자기만의 원칙, 즉 투자 마인드의 확립 여부가 이들의 차이를 만들었다. 자신의 원칙이 있으면 상승장이든 하락장이든 평정심을 잃지 않고 자신만의 투자를 이어나갈 수 있지만, 그렇지 못한 사람들은 급변하는 장에서 어쩔 줄 몰라 하며 뇌동매매로 이어졌다.

사실 지금 우리가 주식을 하면서 곧바로 큰돈을 만들 수는 없다. 초기 자금이 부족하기 때문이다. 특히 소액 투자를 통해 점점 돈을 불려 나가면서 '슈퍼개미'가 되기를 꿈꾸는 투자자는 더욱 그렇다. 지금 당장에 20~30%의 수익을 올려도 냉정하게 바라보면 푼돈일 뿐이고 이를 통해 경제적 자유를 누릴 수는 없다.

그렇다면 우리는 지금 어떤 식으로 투자해야 할까? 적은 돈으로 투자를 할 때 자신만의 투자 습관, 투자 원칙을 빠르게 정립해야 한다. 그래야 나중에 큰돈을 굴릴 때 안정적으로 수익을 창출할 수 있다. 소액 투자자의 가장 큰 단점이자 장점은 적은 돈으로 실패의 경험을 살 수 있다는 것이다. 실패했을 때 왜 실패했는지, 뭐가 잘못되었는지를 피드백하며 발전해야 의미가 있다. 따라서 주식을 시작하는 단계에서 최소 1년간은 큰돈을 번다는 생각보다 좋은 투자 습관을 통해 자신만의 투자 원칙을 확립시켜나가는 단계라는 것을 인지해야 한다.

좋은 투자 습관 중 가장 중요한 것이 바로 주식을 '투자' 개념에서 접근하는 것이다. 모든 투자는 장기성을 내포한다. 좋은 기업을 골라 장기 투자하는 것만큼 안정적이고 수익이 좋은 재테크도 없다. 하지만 무작정 '장기 투자'를 한다고 다 좋은 것은 아니다. 놀랍게도 본인이 산 회사가 돈은 잘 벌고 있는지, 어떤 상황에 처해 있는지, 심지어는 어떤 사업을 하고 있는지도 모르고 무작정 투자하는 사람이 상당히 많다. (단기든 장기든) 이는 투자가 아닌 투기다. 괜히 우스갯소리로 성당이나 교회에서 기도를 드리는 사람보다 주식장에서 기도를 드리는 사람이 더 많다는 이야기가 나오는 것이 아니다. 그만큼 많은 투자자가 주식을 도박하듯이 하고 있다는 소리다.

그러면 어떻게 주식을 도박이 아닌 투자 개념으로 접근할 수 있을까? 좀 더 근본적으로 말하자면 어떻게 해야 나만의 투자 원칙을 만들 수 있을까? 답은 하나다. 여러 가지 투자 방법을 공부한 후 직접 체화(體化)하는 것이다.

패시브 투자 vs. 액티브 투자

그렇다면 우선 주식 투자자에게는 어떤 투자 유형이 있는지를 알아보자. 물론 좀 더 세분화하면 엄청나게 다양한 유형의 투자가 존재하겠지만 가장 큰 틀로 접근해보자면 패시브(Passive) 투자와 액티브(Active) 투자가 대표적이다.

　패시브 투자자와 액티브 투자자는 주식시장의 가정부터 거의 모든 것이 상반된 의견을 토대로 한다. 하지만 누구의 말이 맞는지는 알 수 없다. 패시브 투자를 맹신하는 투자자와 액티브 투자를 맹신하는 투자자 모두 돈을 버는 사람들이 존재하기 때문이다. 하지만 현재까지 밝혀진 바에 따르면, 일반적으로 패시브 투자의 성과가 액티브 투자의 성과보다 상대적으로 뛰어나다는 자료를 여럿 확인할 수 있다. 하지만 가치 투자의 대가라고 부르는 벤저민 그레이엄이나 위대한 펀드매니저 피터 린치는 대표적인 액티브 투자자였기 때문에 '무조건 패시브 투자가 낫다!'라고 말할 수는 없다. 각 투자의 장단점을 파악한 후 자신의 성향과 접목하는 것이 가장 중요하다.

❶ 패시브(Passive) 투자

패시브 투자는 시장이 '효율적(effective)'이라고 가정한다. 효율적 시장의 가장 중요한 논지는 "주가는 이미 모든 정보(All available information)를 반영한다."라는 것이다. 즉 시장에서 형성된 가격은 이미 투자자가 판단 가능한 모든 정보를 반영하고 있으므로 투자자의 판단 자체가 무의미하다고 주장한다.

　주식을 하다 보면 분명 종목의 실적이 아주 좋음에도 불구하고 실적을 발표한 뒤 주가가 오히려 하락하는 현상을 볼 수 있다. 이는 회사의 실적은 과거 정보이기 때문에 이미 주가에 반영된 것이라고 해석할 수 있다. 이 같은 경우가 시장이 효율적이란 증거가 된다.

이런 이유로 패시브 투자를 지향하는 투자자들은 자기 주관대로 종목을 선정하거나 매매 시점을 포착하지 않는다. 따라서 액티브 투자에 비해 장기 투자를 지향하고 매매 회전율과 거래세, 운용 보수가 적은 것이 특징이다.

패시브 투자의 대표적 형태로는 인덱스펀드 투자가 있다. 앞에서도 설명했지만 인덱스펀드는 쉽게 말해 코스피, 코스닥, 나스닥, S&P500과 같은 지수에 투자하는 것이다. 내가 만약 코스피 지수에 투자했다면 코스피가 오르면 돈을 벌고 코스피가 내리면 돈을 잃는 원리다. 코스피와 같은 지수는 증권시장에 상장된 모든 기업의 총합을 나타낸다. 즉 코스피에 투자한다는 것은 우리나라의 모든 기업에 투자한다는 것과 같은 의미이며, 곧 한국이라는 국가에 투자하는 것과 동일하다.

지수에 투자하고 매매를 하지 않는다고 하면 너무 시시해 보일 수도 있다. 물론 적극적으로 종목을 고르고 잦은 매매를 통해 수익을 올리는 것이 많은 주식 투자자가 꿈꾸는 모습일 것이다. 하지만 결국 주식의 목적은 '돈을 버는 것'에 있다. 재미로 주식을 시작했다면 잦은 매매를 통해 재미를 보면 되지만 장기적인 재테크 관점에서 본다면 패시브 투자가 더 효율적일 수 있다.

하지만 필자 역시 아무것도 하지 않은 채 지수를 따라가는 것

● 차트1

최고 4,246.55 (-3.36%,01/02) → 4,246.55

4,103.88
-1.74%

3,501.29

2,756.04

2,010.78

← 최저 1,265.52 (224.28% 03/02) 1,265.52

2009/11/02   2011/04/01   2012/09/04

이 적극적으로 공부하고 싼 종목을 발견해 비싸게 파는 매매를 반복하는 것보다 수익률이 높다는 것을 받아들이지 못했다. 하지만 차트 1~3을 보면서 어느 정도 이해할 수 있었다.

차트 1을 보면, 2009년부터 2013년까지 3배 이상 상승했음을 볼 수 있다. 단순 산술평균으로 계산해보면 연평균 수익률이 무려 70%가 넘는다. 아마 당시 필자의 관점에서 본다면 '이 종목은 너무 급하게 올랐기 때문에 고점이야. 한 번 팔고 조정 때 다시

최고 7,505.77 (-3.10%,01/02) → 7,505.77
7,273.01
-1.87%

5,945.71

4,385.65

2,825.58

← 최저 1,265.52 (474.71%,03/02) 1,265.52
09/11/02   2012/08/01   2015/05/01

사자!'라는 마음으로 기분 좋게 매도를 눌렀을 것 같다. 하지만 다
음 차트 2를 보자.

　2013년 4,200원이었던 주가는 그 뒤로도 꾸준히 우상향하
며 5년 뒤 7,500원을 기록하고 있다. 이젠 정말 고점인 것 같다.
2009~2015년까지도 많이 올랐지만 2015년 이후부터는 그래프
의 기울기가 너무나도 급격하게 형성되어 있기 때문이다. 하지만
과연 이게 끝일까?

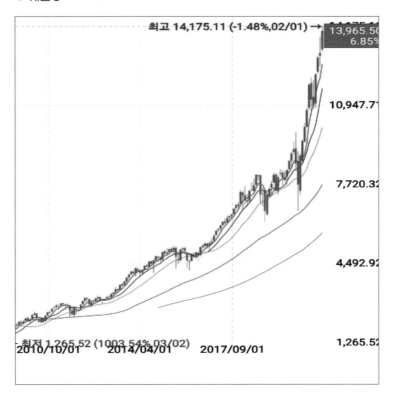

최고 14,175.11 (-1.48%,02/01) → 13,965.50 6.85%

10,947.71

7,720.32

4,492.92

최저 1,265.52 (1003.54% 03/02)

1,265.52

2010/10/01   2014/04/01   2017/09/01

차트 3을 보자. 2018년 7,500원이었던 주가는 3년이 지난 2021년 1만 4,175원을 기록했다. 10년간 1천%가 넘는 수익률을 달성한 것이다. 보통 이 정도 상승 폭을 보이는 종목은 일반 투자자가 찾기도 어렵고 상대적으로 변동 폭이 높은 '바이오 테마'의 종목일 것으로 생각할 수 있다. 하지만 놀랍게도 이 차트의 주인은 '나스닥 종합지수'다. 우리가 지루하고 수익률이 낮을 거라고 생각하는 지수의 상승률이라는 것이다. 지수에 투자한 '지루한 투자자'는 어떠한 매매도 하지 않고 단순히 나스닥 종합지수에 투자함으로써 1천%의 수익률을 달성했다. 여기서 우리는 두 가지 상상을 해볼 수 있다.

첫 번째 상상은 "내가 만약 나스닥 지수가 1,265에 투자했었다면, 언제쯤 팔았을 것인가?"이다. 장담하건대 14,175인 현재까지 이 종목을 들고 있을 수 있는 사람은 극소수에 불과할 것이다. 누군가는 아마 "이렇게 오르기만 하는 종목은 팔 이유가 없으므로 나는 계속 들고 있었을 것이다!"라고 말할 수도 있다. 하지만 꾸준히 우상향하며 10년간 10배 이상 올랐던 나스닥 지수도 멀리서 보았을 때 항상 장밋빛으로 보인 것일 뿐, 2018년 11월에는 불과 두 달 만에 -20%가 넘는 조정을 받았고 2020년에도 두 달 만에 -22% 가까이 떨어진 적도 있다. 그리고 조정을 받을 때면 어김없이 "현재 나스닥은 거품으로 가득하다. 곧 더욱 큰 폭락이 올 것"과 같은 비관적 기사가 쏟아져 나왔다.

사람들은 일반적으로 집단편향의 사고를 한다. 한 달, 두 달 만에 20%가 넘는 하락을 겪으며 신문과 뉴스에는 종일 "나스닥, 거품 빠지나?" 등의 내용을 보다 보면 제아무리 전문가라 할지라도 '더 떨어지기 전에 빨리 매도해야지.'라는 생각으로 이어진다는 것이다. 아마 투자자 대부분은 폭락장에서 매도 버튼을 눌렀을 확률이 높다. 하지만 보고 있는 것과 같이 시장은 다시 보란 듯이 우상향을 이어갔다.

이처럼 시장의 상승과 하락은 그 누구도 예측할 수 없으며, 예측하지 못하는 것을 억지로 예측할 바에 투자자의 주관적 생각을 아예 무시하고 시장 수익률을 무조건으로 따라가는 것이 맞다는 논리가 패시브 투자다.

또 하나의 상상은 "내가 만약 이 기간 동안 지수에 투자하지 않고 적극적으로 저평가된 종목을 찾아다니고 매매했더라면 몇 %의 수익률을 기록했을 것인가?"이다. 단기 매매를 전문으로 하는 차티스트나 전문가들도 10년간 1천%의 수익률을 기록하기란 쉽지 않다. 하물며 아직 이렇다 할 경험도 지식도 없는 초보 투자자가 10년간 1천%의 수익률을 기록하는 것도 어쩌면 로또 당첨을 기대하는 것과 크게 다르지 않다는 생각이 든다.

이처럼 패시브 투자자들은 어차피 시장의 상승, 하락은 예측할 수 없을뿐더러 오히려 인덱스에 투자하는 것이 거래 수수료, 운용 수수료 등의 절감 측면에서도 액티브 투자보다 훨씬 유리하다고 주장한다. 따라서 주식 투자를 함에 있어 종목선정부터 매매 시점까지 최대한 자신의 주관적 판단을 배제하고 시장 수익률을 추구하는 것이 패시브 투자다.

❷ 액티브(Active) 투자

반면에 액티브 투자자들은 시장은 비효율적이라고 주장한다. 시장이란 것이 참여자들이 모여 형성되는데 참여자들은 결국 인간이기 때문에 비효율성이 나타난다는 것이다. 그 증거로 기업의 가치보다 일시적으로 주가가 폭등하는 오버슈팅(overshooting) 현

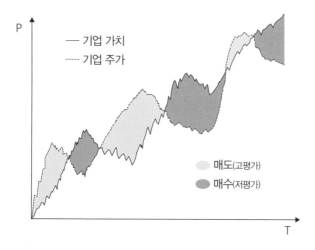

상과 기업의 가치보다 주가가 현저히 낮은 저평가 종목들이 발생한다고 말하며, 저평가 종목은 매수하고 오버슈팅 종목은 매도하는 방식으로 시세 차익을 얻을 수 있다고 주장한다.

액티브 투자자들의 매매 방식을 도식화한 차트를 보자. 여기서 '기업주가'는 우리가 실제로 사고파는 가격인 주가를 의미하며 '기업 가치'는 기업의 내재적 가치(intrinsic value)를 의미한다.

패시브 투자자들의 이론대로면 기업의 실제 가치(내재적 가치)와 기업의 주가는 항상 동일해야 한다. 하지만 실제 주식시장에서는 그렇지 못한 경우를 쉽게 발견할 수 있다. 장기적으로 기업의 주가는 기업의 가치에 수렴하지만, 단기적으로 봤을 때는 오버슈팅 현상과 저평가 현상을 심심찮게 볼 수 있기 때문이다. 액티브 투자자들은 이러한 시장의 비효율성에 주목한다.

어찌 됐든 기업의 주가는 기업의 실제 가치에 수렴하기 때문에 액티브 투자는 실제 가치보다 주가가 낮게 형성되어 있는 경우 매수하고, 오버슈팅이 나타나면 매도하는 전략을 통해 시세 차익을 얻는다. 하지만 기업의 가치는 주관적일 수밖에 없다. 실제로 밸류에이션 방법을 어떻게 하는지, 향후 해당 기업의 산업을 어떻게 전망하는지에 따라 전문가들 사이에서도 기업의 가치는 천차만별로 나누어진다. 또한 아무리 전문가라 하더라도 집단편향으로 인해 시장이 상승 국면일 경우 시장을 좀 더 낙관적으로 관측하고, 시장이 비관적일 경우 미래를 비관적으로 관측하는 경향이 있다. 다시 말해 그 누구도 정확한 기업의 가치를 측정할 수 없다는 것이다.

그럼에도 불구하고 액티브 운영을 통해 전설적인 수익률을 기록한 투자자들이 너무도 많고, 지금도 액티브 운영을 통해 패시브 운영의 수익률을 넘어서는 투자자 역시 존재한다. 이러한 액티브 투자자의 대표적 인물이 전설의 펀드매니저인 피터 린치다. 피터 린치는 자산운용사에서 '마젤란 펀드'라는 펀드를 맡았는데, 14년간 마젤란 펀드의 평균 초과 수익은 무려 19%에 이르렀다.

피터 린치의 마젤란 펀드는 주로 PER나 PBR이 싼 종목에서 큰 성과를 기록했으며 운용 초기 펀드의 회전율은 대략 300%를 상회하는 등의 액티브한 매매를 통해 초과 수익을 달성했다(펀드 사이즈가 커진 후로는 100% 언더의 회전율이었다). 즉 저평가된 종목을

● 피터 린치의 수익률

연도	피터 린치	S&P500
1977	12.70%	-7.40%
1978	29.50%	6.40%
1979	49.80%	18.20%
1980	64.60%	32.30%
1981	-22.60%	-5.00%
1982	-1.30%	21.40%
1983	82.80%	22.40%
1984	-10.10%	6.10%
1985	34.20%	31.60%
1986	7.70%	18.60%
1987	-17.60%	5.10%
1988	20.50%	16.60%
1989	23.90%	31.70%
1990	-9.90%	-3.10%

자료: 한국투자증권

매수하고, 오버슈팅을 하거나 고평가된 종목은 매도하는 방식으로 큰 수익을 올린 것이다. 피터 린치뿐 아니라 가치 투자의 대가라 불리는 벤저민 그레이엄 역시 상대적으로 저평가된 종목을 매수하거나 여러 정보를 토대로 향후 큰 성장이 기대되는 기업을 예상해 큰 수익을 올렸다.

액티브 투자가 맞냐, 패시브 투자가 맞냐의 토론은 어쩌면 무의미할 수 있다. 사람마다 능력과 성향이 모두 다르기 때문이다. 직접 해보고 조금씩 투자성향을 굳혀가는 과정이 중요하다.

하지만 확실하게 말할 수 있는 게 하나 있다. 바로 '장기 투자'다. 필자가 7년 가까운 시간을 치열하게 주식시장에서 (돈을 잃어가며) 지켜본 바로는 액티브 투자자든 패시브 투자자든 '장기 투자자'가 압도적으로 수익률이 높았다.

장기 투자의 유효성은 액티브 투자에서도 마찬가지다. 액티브 투자를 흔히 단타로 오해하는 경우가 많은데 단지 기업 선정과 매수와 매도 타이밍을 직접 정할 뿐이지 그것이 단타라는 이야기는 아니다. 액티브 투자자도 저평가된 기업을 선정했다면 그 기업의 주가가 오버슈팅할 때까지 하염없이 기다리는 수밖에 없다. 어떤 유형의 투자든지 인내의 시간을 거쳐야 한다.

하지만 사람들은 주가가 내리면 'X잡주'라고 욕하며 매도하기 바쁘고 주가가 오르면 이때다 싶어 매도하기 바쁘다. 이런 식으로는 제아무리 종목을 보는 눈이 뛰어나다 할지라도 지속 가능한 투자가 될 수 없다. 장담하건대 얼마 안 가 계좌의 잔고가 파랗게 변할 것이다. 괜히 "망치 매매법이 답이다."라는 말이 나오는 게 아니라는 걸 명심하자. (망치 매매법은 매수 버튼을 누른 후 망치로 머리를 쳐서 기절한 후 깨어나서 매도하는 매매법을 말한다. 농담인 듯 진담 같은 주식 투자자들의 말이다.) 어떤 유형의 투자자든 주식을 함에 있어 가장 중요한 준비물은 어쩌면 '망치'가 될 수도 있다.

천 리 길도 한 걸음부터 ④ 제대로 분산 투자해라!

"달걀을 한 바구니에 담지 마라." 유명한 주식 명언이다. 분산 투자의 중요성을 비유한 표현이기도 하다. 아마 주식을 하지 않는 사람들도 이 격언을 들어본 사람이 많을 것이다. 그만큼 투자에 있어 분산 투자는 매우 중요하고 기본이다. 하지만 다들 분산 투자를 해야 한다는 사실만 알고 있을 뿐 실천하지 않는 경우가 많다. 설령 분산 투자를 하더라도 제대로 된 분산 투자를 하고 있지 않기도 한다.

나 역시 분산 투자의 중요성을 달걀 한 판이 모두 깨지고서야 깨달았다. "남자는 몰빵이지!"라는 호기로운 말을 뱉으며 제대로 분석도 안 된 기업에 전 재산을 투자했으니 말이다. 결과는 앞에 나왔듯이 처참했다.

분산 투자는 수익률을 높여준다?

지금도 주위에 많은 투자 초보들이 분산 투자를 아예 하지 않거나, 제대로 된 분산 투자를 알지 못하고 '백화점 쇼핑'하듯이 20~30개의 종목을 무차별적으로 담고 있는 것을 심심찮게 목격할 수 있다.

사실 필자도 몰빵 투자의 쓴맛을 본 후 나름 분산 투자를 한답시고 여러 종목에 자금을 분산해 투자했다. 하지만 쭉쭉 올라가는 종목을 보고 어김없이 드는 생각이 있었다.

'아, 괜히 분산해가지고…. 이거 몰빵했으면…'

아쉬움을 뒤로한 채 꾸준히 분산 투자를 실행했으면 좋았겠지만, 필자는 남은 종목을 모두 매도한 채 다시 몰빵 투자로 돌아섰다. 그 뒤 물론 수익을 본 것도 있지만 크게 손해를 보고 다시 분산 투자를 공부하기 시작했다.

분산 투자는 수익률을 극대화하기 위한 개념은 아니다. 리스크(Risk), 즉 위험관리 차원에서 접근해야 한다. 하지만 필자는 분산

● 리스크

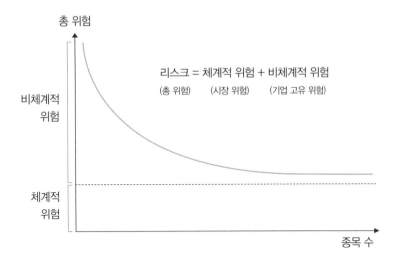

투자를 하면 수익률이 올라가리라 생각했다. 분산 투자에 대한 정확한 개념이 없었고 분산 투자를 시행할 수 있는 마인드세팅조차 안 된 상태였다.

분산 투자는 우리의 수익률을 증대시켜주지는 않는다. 하지만 확실한 건 포트폴리오의 위험을 줄여주고 뇌동매매를 방지하는 안전벨트와 같은 역할을 해줄 수 있다. 내가 가진 종목이 예상치 못한 이슈로 크게 하락하거나 주식시장의 큰 조정이 왔을 때 리스크 관리가 되어 있지 않는다면 큰 손해를 낼뿐더러 정상적인 사고를 방해할 확률이 높다. 하지만 나의 포트폴리오가 효과적인 분산 투자로 이루어져 있다면, 시장 충격이 오더라도 나의 원칙대로 매매하며 손실을 최소화할 수 있다.

그렇다면 어떻게 해야 효과적인 리스크 관리가 되는 분산 투자를 할 수 있을까? 이를 위해서는 우선 리스크에 대해 알아야 할 필요가 있다.

리스크가 도대체 뭐죠?

앞쪽의 리스크 그래프만 봐서는 무슨 소리야 싶겠지만 전혀 어려운 것이 없다. 간혹 그래프로 이해하는 게 쉬운 사람들을 위해 작성한 것이니 그래프 읽는 게 어렵다면 글에 집중하자.

우선 우리가 말하는 리스크는 크게 체계적 위험과 비체계적 위험으로 나뉜다. 쉽게 말하면 체계적 위험은 '시장 전체의 위험', 비체계적 위험은 '개별 기업의 위험'이라고 보면 된다. 오너 리스크와 분식회계 같은 리스크가 개별 기업의 위험이라면 환율과 전쟁, 홍수같이 모든 기업이 공통으로 노출된 리스크는 시장 전체의 위험이다.

그래프를 보면 종목 수가 늘어날수록 비체계적 위험이 줄어드는 것을 볼 수 있다. 이것이 바로 분산 투자를 통해 리스크가 줄어드는 '분산 효과'다. 하지만 종목 수를 아무리 늘려도 일정 수준부터는 총 위험이 감소하지 않는 것을 볼 수 있다. 왜 그럴까? 바로 시장에서 오는 위험, 즉 체계적 위험은 종목 수를 아무리 늘린다고 할지라도 줄어들지 않기 때문이다.

예를 들어 내가 삼성전자와 현대차, LG화학, SK하이닉스 등 여러 종목을 분산해 매수했다면 개별 기업으로 오는 위험인 비체계적 위험은 점점 줄어들어 종목 수가 많아질수록 0에 가까워질 것이다. 혹여나 삼성전자 공장에 불이 났다고 하더라도 현대차, LG화학 등 다른 종목에는 이러한 악재와 무관하기 때문에 나의 계좌는 큰 손실을 보지 않는다. 분산 효과 덕분이다. 하지만 한국에 전쟁이 나거나 전국에 물난리가 나는 등 한국 시장 전체의 위험(체계적 위험)이 발생한다면 모든 기업의 주가에 악영향을 미칠 것이다. 내가 아무리 여러 종목에 분산 투자를 했다 한들 큰 손실을 볼 수밖에 없다.

이처럼 종목 분산을 통해 비체계적 위험(대표적으로는 오너 리스크와 산업 리스크)을 줄일 수는 있지만, 시장 위험(전쟁이나 전염병 등)은 줄일 수 없다. 그렇다면 개인 투자자는 어떻게 해야 현실적으로 비체계적 위험을 줄일 수 있을까?

분산 효과를 높이는 상관계수

코스피 시장에 있는 모든 종목을 하나씩 살 수 있다면 비체계적 위험을 0으로 만들어버릴 수 있지만, 현실적으로는 불가능하다. 따라서 개인 투자자가 분산 효과를 최대한으로 끌어올리기 위해서는 '상관계수'를 잘 파악해야 한다. 상관계수는 종목 간 관계된 정도를 숫자로 나타낸 것이다. 상관계수가 작으면 작을수록(기업 간 관계가 적을수록) 분산 효과는 커진다. 이러한 종목 간 상관계수를 이용해 상대적으로 훨씬 적은 종목을 가지고도 비체계적 위험을 0으로 수렴시킬 수 있다.

필자가 분산 투자를 한답시고 '삼성전자'와 삼성전자에만 100% 제품을 공급하는 '삼성반도체'라는 종목을 샀다고 가정해 보자. 이 둘은 상관계수는 높을까, 낮을까? 매우 높을 것이다. 삼성반도체에 문제가 생긴다면 납품과 수주에 차질이 생겨 양측 기업 모두 손해 볼 확률이 커지기 때문이다. 따라서 이 경우는 분산이 제대로 되지 않은 것이다.

따라서 포트폴리오를 구성할 때는 전혀 상관없는 기업(상관계수 0), 혹은 아예 반대 수혜를 누릴 수 있는 기업(상관계수 -1)을 편입하는 것이 현명하다. 예를 들어 수출 비중이 높은 A기업을 매수했다면, 수입 비중이 높은 B기업을 편입하는 것이 리스크 관리 차원에서 옳다. 환율이 내리든 오르든 둘 중 하나는 수혜를 볼 수 있기 때문이다.

그렇다면 시장 위험을 나타내는 체계적 위험은 어떤 식으로 분산할 수 있을까? 바로 자산군의 다양화를 통해 가능하다. 해외 주식, 채권, 부동산, 금, 비트코인 등 자산을 분산하면 체계적 위험역시 감소한다. 한국에 전쟁이 나더라도 미국 시장과 금, 비트코인 등에 미치는 악영향은 제한적이기 때문이다.

이처럼 종목은 분산해 투자하되 상관관계를 고려하고, 국내 주식뿐 아니라 해외 주식, 금, 부동산, 비트코인 등 투자 대상군을 다양화한다면 우리의 포트폴리오는 여러 리스크로부터 훨씬 자유로워질 것이다.

그렇다면 실제 기관과 헤지펀드, 워런 버핏과 같은 유명 투자자들도 앞서 말한 것처럼 분산 포트폴리오를 구성했을까? 세계 3위 규모의 큰 손인 국민연금의 포트폴리오를 살펴보자. 헤지펀드들의 포트폴리오는 대부분 비공개로 진행되는 반면 국민연금의 포트폴리오는 언제든 국민연금기금운용본부 홈페이지(fund.nps.or.kr)의 '운용현황'에서 확인할 수 있다.

● 국민연금 포트폴리오

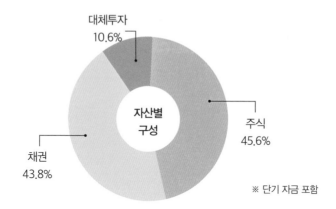

대체투자
10.6%

자산별
구성

주식
45.6%

채권
43.8%

※ 단기 자금 포함

(단위: 조원, 2021년 5월 말 기준)

구분	금액	비중
전체자산	892.3	100%
복지부문	0.2	0.0%
금융투자부문	891.2	99.9%
국내주식	180.0	20.2%
해외주식	226.3	25.4%
국내채권	338.3	37.9%
해외채권	50.6	5.7%
대체투자	94.5	10.6%
단기자금	1.4	0.2%
기타부문	0.9	0.1%

※기타부문은 회관비, 임차보증금 등임

(단위: 억원, 2021년 5월 말 기준)

번호	종목명	평가액	자산군 내 비중	지분율
1	삼성전자	517,051	29.5%	10.7%
2	SK하이닉스	94,594	5.4%	11.0%
3	LG화학	56,584	3.2%	9.7%
4	NAVER	55,607	3.2%	11.6%
5	삼성SDI	43,058	2.5%	10.0%
6	현대차	42,013	2.4%	10.2%
7	셀트리온	40,292	2.3%	8.3%
8	카카오	29,471	1.7%	8.6%
9	현대모비스	28,649	1.6%	11.8%
10	POSCO	27,803	1.6%	11.7%

국민연금의 포트폴리오를 살펴보면 운용 자산의 43.8%는 '채권'으로, 45.6%는 '주식'으로, 나머지 10.6%가량을 '대체투자'로 구성하고 있다. (대체투자는 부동산, 금, 비트코인과 같은 상품이다.) 주식 내에서도 다양한 국가에 투자함으로써 리스크를 분산했다. 2021년 5월 말 기준으로, 국내 주식 20.2%, 해외 주식 25.4%로 구성되어 있다. 채권 역시 국내 채권과 해외 채권으로 국가별 분산을 통해 자산 운용을 하는 것을 알 수 있다. 당연히 국내 주식 내에서도 다양한 종목에 투자함으로써 비체계적 위험을 배제하

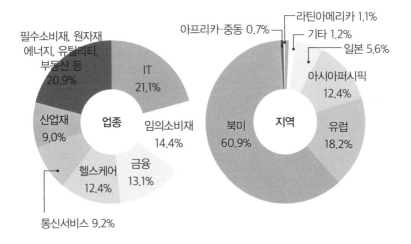

● 국민연금 포트폴리오 내 해외 주식

고 있다.

해외 주식의 경우 업종 분산, 국가 분산을 통해 업종 리스크, 오너 리스크, 국가별 리스크로부터 분산해놓은 모습이다.

이처럼 우리나라에서 투자 전문가들이 모여 대규모 자금을 운용하는 국민연금에서조차 철저한 분산 투자와 리스크 관리를 통해 투자한다. 물론 개인 소액 투자자가 국민연금과 같이 세분화된 포트폴리오를 구성할 수는 없을 것이다. 한 자산 내에 종목 역시 국민연금처럼 다양하게 투자할 수 없는 경우가 대부분이다. 그러나 적어도 다른 산업을 영위하는 기업들을 매수함으로써 산업 리스크를 줄여야 한다. 상관관계를 고려해 종목 분산을 하거나 ETF를 적극 활용해 계좌의 리스크를 줄이자.

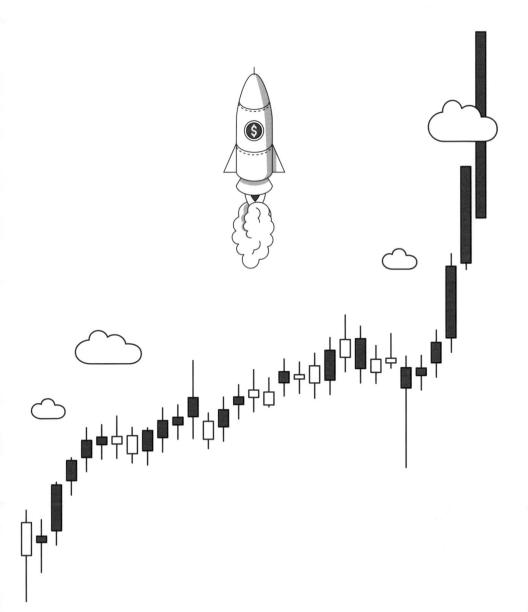

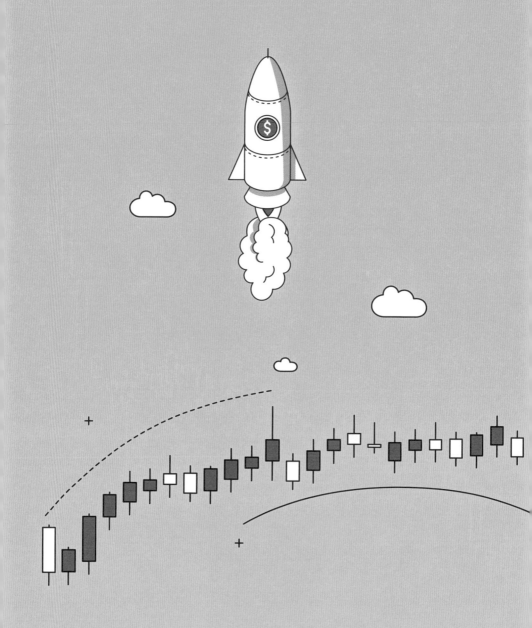

3장

돈 되는 종목은 따로 있다

어떤 종목이 좋은 종목인가요? 재무제표 보기

본인의 포트폴리오를 구성했다면 이제 세부 종목을 선정할 차례다. 앞서 언급했듯이 투자에서 고려해야 할 점은 무궁무진하게 많다. 하지만 그중 가장 중요한 것을 꼽으라 하면 단연 '재무제표'다. 주가란 그 회사가 얼마나 안정적으로 돈을 버냐에 따라 결정되는데, 재무제표는 그 회사의 안정성과 수익성, 활동성 등 모든 내용을 말해주기 때문이다.

물론 재무제표가 훌륭하다고 해서 그 기업의 주가가 무조건 오르는 것은 아니다. 재무제표는 그 회사의 과거가 담긴 정보이기 때문이다. 어떤 사람이 초등학교를 우수한 성적으로 졸업했다고 해서 중학교, 고등학교 성적까지 우수할 것이라는 보장은 없다. 다만 초등학교를 우수한 성적으로 졸업한 학생은 특별한 이변이 없는 한 중·고등학교 성적도 우수할 것이라고 기대는 할 수 있다. 따라서 과거 정보가 미래를 보장하지 않는다는 생각으로 재무제표를 등한시해서는 절대 안 된다는 말이다.

하지만 놀랍게도 많은 투자자가 재무제표가 무엇인지, 또 어떻게 분석하는지조차 모른 채 주식 투자를 하고 있다. 그들의 대부분은 "친구가 그러는데 ○○종목이 오를 거래."라는 말을 듣고 자신의 피 같은 돈을 투자한다. 하지만 친구에게 정보를 준 친구도 다른 친구에게 들은 것이며, 그 친구 역시 친구의 사돈어른께 들었을 가능성이 크다. 그만큼 허황되고 실체 없는 정보라는 것이다. 결국 제대로 된 투자를 하기 위해서는 본인이 직접 종목을 분석하는 수밖에 없다.

단언컨대 재무제표를 보지 않고 투자를 하는 사람은 결국에는 주식시장에서 돈을 잃을 수밖에 없다.

그래서 재무제표가 뭐예요?

재무제표는 말 그대로 그 기업의 재무 상태를 보여주는 자료다. 기업의 영양 상태표라고 볼 수 있다. 재무구조가 부실한 기업의 주가가 오르기를 기대하는 것은 곧 쓰러질 것 같은 사람에게

42.195km 마라톤 완주를 기대하는 것과 같다.

아마 대부분의 초보 투자자도 재무제표가 중요하다는 것은 알지만, 각종 어려운 용어와 영문 약자들로 가득한 표를 해석할 엄두조차 나지 않아 이내 공부를 포기했을 것이다. 하지만 "매도 먼저 맞는 놈이 낫다."라고, 처음 재무제표를 배울 때 조금만 고생하면 재무제표 보는 법은 이후 우리가 주식시장에서 살아남게 해주는 무기가 되어줄 것이다. 지금부터 수많은 정보가 녹아 있는 재무제표를 어떤 부분에 집중해서 봐야 하는지, 무려 7년째 경영학과를 다녔던(딱히 자랑거리는 아니다) 필자가 핵심만 간단하게 설명하려고 한다.

대부분 회사가 회사 홈페이지 'IR 공시'에 재무제표를 올려놓는다. 그러나 굳이 회사 홈페이지까지 들어가지 않아도 금융감독원 전자공시시스템인 다트(www.dart.fss.or.kr)에 들어가면 증권시장에 상장된 모든 회사의 재무제표뿐 아니라 모든 공시*를 볼 수 있다. 그렇기 때문에 투자자들은 주로 다트에서 회사의 재무제표와 공시를 확인한다. 하지만 네이버 금융에 들어가면 초보 투자자들이 훨씬 보기 편하게 재무 정보가 나와 있다. 재무제표를 처음 접할 때는 다트보다 네이버 금융에 나와 있는 재무 정보를 읽는 법을 배우고, 익숙해지면 다트로 넘어가는 것을 추천한다.

---

* **공시:** 사업 내용이나 재무 상황, 영업 실적 등 기업의 내용을 투자자 등 이해관계자에게 알리는 제도.

네이버 금융에서 재무제표 확인하기

네이버 금융(finance.naver.com)에 접속해 '종목명'을 검색 후 [종목분석]을 눌러보자. 스크롤을 아래로 조금 내리다 보면 'Financial Summary(파이낸셜 서머리)'가 나오고 그 밑에 알 수 없는 용어와 약자들로 가득한 표를 볼 수 있다.

　　재무제표는 통상 최근 3년 치의 자료를 토대로 분석한다. 올해 사업이 특수한 상황으로 인해 해당 회사의 사업이 영향을 받았다면, 당해 연도의 재무제표만으로는 그 기업의 진짜 가치를 파악할 수 없기 때문이다. 또한 재무구조가 3년간 어떤 흐름으로 증

● 네이버 금융

종합정보	시세	차트	투자자별 매매동향	뉴스·공시	**종목분석**	종목토론실	전자공시	공매도현황

기업현황	기업개요	재무분석	투자지표	컨센서스	업종분석	섹터분석	지분현황	🖨 인쇄

● 네이버 금융 중 파이낸셜 서머리

Financial Summary　　주재무제표 ▼　검색　IFRS ⑦　산식 ⑦　　• 단위 : 억원, %, 배, 주 • 분기 : 순액기준

	연간			⊖	분기			⊖
주요재무정보	2017/12 (IFRS연결)	2018/12 (IFRS연결)	2019/12 (IFRS연결)	2020/12(E) (IFRS연결)	2020/03 (IFRS연결)	2020/06 (IFRS연결)	2020/09 (IFRS연결)	2020/12(E) (IFRS연결)
매출액	2,044	2,269	2,627	3,040	712	732	730	867
영업이익	505	540	668	774	163	176	161	275
영업이익(발표기준)	505	540	668		163	176	161	
세전계속사업이익	482	561	664	706	139	159	148	258
당기순이익	397	425	510	537	104	121	112	201

가(혹은 감소)했는지를 파악함으로써 사업의 연속성을 알 수 있다.

파이낸셜 서머리의 표를 보면 가장 위에 나오는 건 '매출액, 영업이익, 당기순이익'이다. 사실상 재무제표에서 가장 중요한 부분이다. 회사가 돈을 얼마나 벌고 있는지에 대한 '수익성'을 보여주는 지표이자 기업의 가치를 결정하는 가장 중요한 부분이기 때문이다. 표 아래에 나오는 복잡한 지표들도 결국에는 대부분 매출, 영업이익, 당기순이익의 실적을 다양하게 보여주는 보조 지표다. 그만큼 이 세 지표는 기업을 분석할 때 가장 시간과 노력을 많이 쏟아서 분석해야 하는 숫자이기도 하다. 매출액과 영업이익, 당기순이익은 비슷한 단어 같지만 큰 차이가 있다.

매출액: 기업의 재화와 서비스를 판 금액

영업이익: 매출액에서 매출원가랑 판매비와 관리비(영업하면서 든 비용)를 제한 금액

당기순이익: 영업이익에서 영업외손익, 특별손익, 법인세 등 기타비용을 모두 빼고 남은 금액

김밥만 파는 '앤츠네 김밥집'이 있다고 가정해보자. 앤츠는 1년간 열심히 장사해 총 10억 원어치의 김밥을 팔았다. 4억 원을 재료 값을 지불하고 2억 원을 직원들 월급과 전기세, 수도세, 가스비 등에 사용했다. 그렇다면 '앤츠네 김밥집'의 매출액은 10억 원, 매출원가(4억 원)와 판관비(2억 원)의 합은 6억 원으로 영업이익은

4억 원이 된다. 이 중 1억 원을 법인세를 지불했다면 당기순이익은 3억 원이 된다. 따라서 일반적으로 '매출액 〉 영업이익 〉 당기순이익' 순으로 금액이 크게 잡힌다.

이제부터 각 항목을 좀 더 구체적으로 알아보자.

매출액, 영업이익, 당기순이익, 뭣이 중한디?

회사의 실적을 보여주는 매출액

그렇다면 매출액, 영업이익, 당기순이익 중 무엇이 가장 중요할까? 이건 사람마다 의견이 다르지만 필자는 '매출액'이라고 생각한다. 그러나 당기순이익이 실제 기업에게 들어오는 최종 수익이기 때문에 당기순이익이 제일 중요하다고 말하는 사람도 있다. 하지만 영업이익과 당기순이익에는 '숫자의 함정'이 포함될 가능성이 커 숫자를 오역할 수도 있다.

예를 들어 당기순이익은 회사가 가지고 있는 타 회사의 주식(일반적으로 일반 기업들도 회사에 현금을 쌓아놓기보다는 일정 비율을 타 회사의 주식을 보유함으로써 '유가증권 평가수익'을 낸다)이 크게 오르거나 내리거나 해서 영업 외 손익이 당해 회사의 사업 성과를 왜곡시킬 가능성이 있다. 영업이익 역시 그해 원자재 값의 변동, 신제품 출시에 따른 마케팅 비용 증가 등으로 인해 당해 사업 성과에 왜곡이 생길 수 있다. 내가 사업을 못 한 게 아니라 미래 먹거리를 위해 R&D 지출을 크게 늘리고, 신제품 홍보를 위해 대규모 마케팅을 진행했는데 '에이, 이 회사는 영업이익(혹은 당기순이익)이 감소했네. 별로 안 좋은 기업이야.'라고 볼 수는 없다는 것이다. 이처럼 영업이익과 당기순이익을 볼 때는 곧이곧대로 숫자의 증감만을 놓고 기업을 판단한다면 숫자의 함정에 빠질 수 있다.

하지만 매출액만큼은 영업이익, 당기순이익과 달리 이렇다 할 여지없이 회사의 실적 흐름을 보여주는 지표다. 기업이 마케팅을 줄이고 매출단가 관리를 열심히 하면서 영업이익과 당기순이익을 크게 남긴다고 하더라도 애초에 매출액이 크지 않다면 큰 이익을 남기지 못할 것이다.

또한 기업의 매출액이 크다는 건 단순히 '지금' 돈을 잘 벌고 있다는 것보다 훨씬 더 중요한 의미를 내포한다. 경쟁사 대비 매출 규모가 크다는 것은 향후 규모의 경제를 통해 시장점유율을 장악할 수 있음을 의미하기 때문이다. 물론 획기적인 신제품을 개발해 한 번에 시장 강자로 올라설 수도 있지만, 일반적으로 전통적인 강자가 규모의 경제를 통해 서서히 시장의 선두주자로 자리매

김하는 경우가 대다수다.

이를 이해하기 위해 예를 하나 들어보겠다. 당기순이익이 똑같이 10억 원인 A회사와 B회사가 있다. 하지만 A회사의 매출액은 1천억 원, B회사의 매출액은 20억 원이다. 어떤 사람은 B회사가 매출 20억 원 중 50%에 해당하는 당기순이익을 남겼기 때문에 회사 운영을 더욱 잘하는 것이고, 이런 이유로 B회사가 투자하기 더 좋은 회사라고 생각할 수 있다. 현재 상황만 보면 틀린 말은 아니다. 하지만 미래를 생각해봤을 때, 과연 B회사에 투자하는 것이 현명한 투자일까?

매출액 1천억 원의 A회사와 매출액 20억 원의 B회사 중 누가 시장 선두를 차지하게 될까? 아마 A회사가 계속해서 1%의 이익만을 남기고 시장점유율을 늘려가다 보면 결국 B회사가 설 자리는 없어지게 될 것이다. B회사가 시장에서 도태되면 A회사는 그제야 마케팅 비용을 줄이는 등의 비용 관리를 하면서 이익을 창출할 전략을 사용할 가능성이 크다.

특히 요즘같이 산업 간 경계가 모호해지는 상황에서 매출액의 규모가 작은 회사는 살아남기 더욱 어려운 시대가 되었다. 매출 실적이 뒷받침되지 않는 회사는 안정적으로 투자 지출을 늘릴 수 없기 때문이다. 세계적 기업인 애플 역시 더 이상 핸드폰과 컴퓨터만을 판매하는 회사가 아니다. 공격적으로 R&D 지출을 늘리며 AR, VR 등의 신사업에 큰 투자를 하고 있다. 아마존 역시 이미 4차 산업의 필수 인프라인 클라우드 시장을 장악하고 있다.

설령 매출이 적은 기업이 은행에서 차입하고 증자를 통해 공격적으로 투자 지출을 늘린다고 할지라도, 차입한 금액에 대한 이자 비용 지출이 늘어나기 때문에 매출이 동반 성장하지 않는 이상은 지속 가능한 투자가 아니다. 지속적인 투자가 없는 회사는 성장 역시 지속할 수 없다는 것의 필자의 투자 원칙 중 하나다.

실제로 요즘 많은 투자자의 사랑을 받는 성장 테크주들은 대부분 매출은 큰 폭으로 증가하고 있지만, 영업이익과 당기순이익은 적자를 내는 것을 볼 수 있다. 신제품 개발을 위한 비용, 투자 비용, 마케팅 비용 등 미래 먹거리를 위해 지출을 크게 쓰고 있기 때문이다. 따라서 필자는 재무제표를 볼 때 매출이 3년 연속 증가하고 있는지를 가장 먼저 확인한다.

숫자의 함정을 조심하라, 영업이익과 당기순이익

그렇다면 숫자의 함정이 있는 영업이익과 당기순이익은 어떻게 분석해야 할까? 사실 영업이익과 당기순이익을 제대로 분석하기 위해서는 그 기업의 산업에 대한 이해가 필수다. 영업이익과 당기순이익이 증가했으면 왜 증가했는지, 감소했으면 왜 감소했는지를 기업뿐 아니라 산업의 관점에서 분석해야 한다는 것이다.

영업이익이 감소했으면 매출원가와 판관비 중 무엇이 증가한 것인지를 알아야 하며, 이것이 단기적인 이슈인지 장기적인 이슈인지를 파악해야 한다.

예를 들어 원자재를 수입해 가공품을 만들어 파는 회사에서 제품을 많이 팔았음에도 원자재 가격이 상승함에 따라 영업이익이 감소했다고 가정해보자. 이 경우 이 회사의 매출액은 증가하고 영업이익과 당기순이익은 감소했을 것이다. 이를 단순히 재무제표상의 숫자만 본 투자자는 이 기업의 매출이 늘어나는데도 영업이익, 당기순이익이 감소한 것을 보니 투자 지출을 크게 늘렸다고 생각할 수 있다. 하지만 실상은 그렇지 않다. 매출이 늘어나도 매출원가가 더욱 큰 폭으로 상승해서 이익이 떨어진 것이기 때문이다.

이러한 오역을 하지 않기 위해서는 투자자는 이 회사의 실적뿐 아니라 원자재 가격의 동향도 분석해야 한다. 단순히 매출의 증가만 놓고 투자를 결정했다가는 원자재의 가격이 꾸준히 상승함에 따라 회사의 실적이 나빠질 수 있기 때문이다. 만약 원자재 동향을 분석한 결과 원자재 슈퍼사이클*이 예상된다면, 이 회사에 대한 투자도 고려해봐야 한다.

앞서 네이버 금융에서 살펴보던 파이낸셜 서머리 표를 아래로 좀 더 내려보면 영업이익률과 순이익률 지표가 보일 것이다. 영업이익률은 매출액 중에 영업이익을 얼마나 남겼는가를, 순이익

---

* 원자재 슈퍼사이클(Commodities super-cycle): 20년 이상의 장기적인 가격상승 추세를 뜻한다.

영업이익률	24.71	23.80	25.43	25.47	22.93	24.00	22.07	31.72
순이익률	19.41	18.73	19.43	17.66	14.58	16.55	15.39	23.20

률은 매출액 중에 당기순이익을 얼마나 남겼는가를 백분위(%)로 보여주는 지표다.

$$영업이익률 = 영업이익 / 매출액$$
$$순이익률 = 당기순이익 / 매출액$$

매출액과 영업이익, 당기순이익의 숫자가 너무 커 이 기업의 사업 수완이 얼마나 되는지 알기가 불편할 때 해당 지표를 보면 훨씬 더 가시적으로 볼 수 있다(단, 위에서도 강조했듯이 해당 연도의 사업 내용을 파악한 후 보아야 숫자의 함정에 빠지지 않는다).

사실 우리가 가장 궁금한 것은 "영업이익률과 순이익률이 몇 % 이상이어야 좋은 것인가?"일 것이다. 하지만 "정답은 없다."라고 말해주고 싶다. 영업이익률과 순이익률은 산업마다 마진율이 다르고, 기업의 지배 구조에 따라서도 천차만별로 나오기 때문에 정확히 N% 이상이면 좋다고 말할 수 없다는 것이다. (만약 그렇게 이야기하는 사람이 있다면, 그 사람은 사기꾼이니 어서 도망가자.)

보통 이러한 지표들은 동종 경쟁사와 비교하는 지표로 많이 사용된다. 게임 업종 같은 경우는 공장이 필요하거나 많은 노동자가 필요한 산업이 아니기 때문에 상대적으로 마진이 높을 수밖에 없다. 하지만 전통적인 굴뚝 산업(식품, 자동차 등)의 경우 공장 설비 투자와 인건비 지출이 크기 때문에 마진율이 타 산업에 비해 낮다.

이처럼 산업의 특성이 엄연한 다른 기업을 두고 "A기업이 마진이 좋으니 이 회사가 더 좋은 회사야!"라고 말할 수 없다. 따라서 이러한 지표들을 두고 비교하려면, 같은 산업 내에서 비슷한 규모와 비슷한 지배 구조를 가진 기업을 비교해야 유의미한 판단을 할 수 있다.

기업의 가계부 현금흐름표 보기

재무제표를 볼 때 매출액, 영업이익, 당기순이익 못지않게 중요한 것이 있다. 바로 기업의 현금의 흐름을 정리해놓은 '현금흐름표'다. 현금흐름표는 말 그대로 기업 내 실제 현금의 유입과 유출에 관한 내용이 적혀 있다. 가정에서 가계부를 쓰듯이, 기업의 가계부가 바로 현금흐름표다.

현금흐름표에는 '실제로' 들어온 돈과 나간 돈을 정리해두는 표이기 때문에 기업이 정상적인 영업 활동을 영위하고 있는지, 인식된 이익만큼 실제로 현금이 들어오고 있는 것인지를 파악할 수 있다. 여기까지만 보면 대체 "당기순이익이랑 무슨 차이가 있지?"라고 생각할 수 있겠지만 현금흐름은 단기순이익과는 조금 다르다.

한 가지 예로 A기업이 거래처에 상품을 제공했는데 거래처의 결제 조건이 악화되어 이를 현금이 아닌 매출채권(외상매출금, 받을어음)으로 제공했다고 가정해보자. A기업은 거래처에 재화를 제공하고 이에 대한 대가로 '돈을 받을 권리'인 매출채권을 받았기 때문에 매출(+)로 인식한다. 하지만 현금흐름에서는 실제로 기업에 현금이 들어온 것이 아니기 때문에 이를 인식하지 않는다. 이처럼 현금흐름표에서는 매출과 이익에 대해 보다 실질적이고 자세한 정보가 반영되어 있다.

각 현금흐름을 알아보자

현금흐름은 크게 세 가지로 구분한다. ❶ 영업활동현금흐름, ❷ 투자활동현금흐름, ❸ 재무활동현금흐름이다. 앞서 살펴보던 파이낸셜 서머리에서 조금만 내려오면 이 세 가지를 작성해놓은 부분을 볼 수 있다.

보통 영업활동현금흐름은 +(검은색), 나머지 현금흐름은 −(빨간색)이 가장 이상적인 현금흐름이라고 말한다. 하지만 이 역시 기업의 상황에 따라 해석을 달리할 수 있으니, 각각이 의미하는 바가 무엇인지를 정확히 알고 해석해야 한다.

영업활동현금흐름	501	621	602	799	220	129	206	
투자활동현금흐름	-236	-201	-4,643	-517	-158	-117	-141	
재무활동현금흐름	-115	-505	3,936	-151	-7	-149	0	
CAPEX	332	183	5,039	348	123	117	85	
FCF	169	439	-4,436	492	97	12	120	

그렇다면 각각의 현금흐름이 무엇을 의미하는지 한 번 알아보자.

❶ 영업활동현금흐름

영업활동현금흐름은 말 그대로 기업이 영업 활동을 하면서 창출되는 현금흐름을 나타낸다. 기업이 사업을 영위하면서 얼마나 많은 현금을 창출하는지, 또 실제로 기업에 현금이 쌓이고 있는지 등의 정보를 파악하기 위해서는 이 '영업활동현금흐름'을 체크해야 한다.

어떤 기업의 순 현금이 연초보다 증가했다고 하더라도 영업활동현금흐름에 지속적으로 마이너스가 찍힌다면 투자를 고민해봐야 한다. 그 기업이 비록 현금이 증가하고 있더라도, 그 원천이 은행에서 차입을 해왔거나 생산 설비를 판매하면서 현금을 마련하고 있을 수도 있기 때문이다. 만약 해당 기업이 영업에서는 지속적인 적자가 찍히고 있으면서 생산 설비를 매각하면서 겨우 이자 비용을 충당하고 있는 기업이라면 그 누구도 이 기업에 투자하지 않을 것이다. 따라서 투자하기 전 기업의 영업활동현금흐름을 체크하는 것은 필수다.

앞서 말했듯 매출채권의 증가는 기업의 매출을 증가시킨다. 하지만 실제로 기업에 현금으로 쌓이지는 않기 때문에 당기순이익에 플러스로 인식된 매출채권의 증가를 영업활동현금흐름에서는 다시 마이너스해주어 조정을 거친다. 말 그대로 현금흐름표에서는 현금의 흐름만을 보여주기 때문이다. 또한 시장의 수요 예측을 잘못해 재고자산이 늘어나면 역시 영업활동현금흐름에 마이너스로 인식된다. 재고자산이 늘어나면 비용이 증가하기 때문에 기업 입장에서는 좋지 않은 현상임에도 '유형자산의 증가'로 표기되어 오역의 소지가 있을 수 있으므로 현금흐름표에서 조정을 거치는 것이다.

이뿐만 아니라 유형자산의 감가상각*도 영업활동현금흐름의 재조정 항목이다. 예를 들어 A기업이 유형자산을 많이 보유하고 있는 제조업이라면 A기업의 재무제표상 당기순이익에는 유형자산의 감가상각이 마이너스 요인으로 크게 인식된다. 하지만 이는 기업의 실제 현금이 나간 것이 아니라 회계 절차상 비용으로 처리한 것이기 때문에 영업활동현금흐름에서는 마이너스해주었던

* **감가상각:** 기업의 경제 자산인 건물, 기계, 설비 등 고정자산의 대부분은 기업의 수익 활동에 계속 사용되는 결과, 시일의 경과에 따라 그 자본가치가 점점 소모된다. 따라서 소모되는 가치만큼 매년 비용으로 계산해 회계 처리한다.

감가상각을 다시 플러스로 인식하는 조정을 거친다.

이처럼 해당 기업의 현금 창출 능력을 보고 싶다면 당기순이익 대신 영업활동현금흐름을 체크하는 것이 더욱 정확하다. 당연히 영업활동현금흐름은 많으면 많을수록 좋다. 그만큼 기업이 영업 활동으로 실제 벌어들이는 현금이 있다는 뜻이기 때문이다.

필자는 웬만하면 영업활동현금흐름이 플러스면서 3년 연속 증가하는 기업을 선호한다. 꾸준히 증가하는 현금으로 더욱 안정적인 기업 운영과 성장을 기대할 수 있기 때문이다. 만약 내가 투자하는 기업이 제조업임에도 영업활동현금흐름이 마이너스라면 투자를 고민해봐야 한다. 영업활동현금흐름에서 유형자산의 감가상각을 다시 플러스로 인식해주는데 유형자산의 비중이 큰 산업에서 감가상각 비용을 빼지 않고도 현금을 창출하지 못하고 있다는 뜻이라는 걸 잊지 말자.

❷ 투자활동현금흐름

투자활동현금흐름은 기업이 투자 목적으로 운용하는 자산에 대한 현금흐름을 나타낸다. 기업이 공장을 증설하거나 기계와 토지 같은 유형자산을 취득하는 것부터 투자 목적으로 다른 기업의 지분 등을 취득하는 것까지 포함한다. 여기서 헷갈리지 말아야 할 점은 투자한 만큼 플러스(검은색)로 표시되는 것이 아닌 마이너스(빨간색)로 표시된다는 것이다. 현금흐름은 무조건 기업에 돈이 들어오면 플러스, 돈이 나가면 마이너스이기 때문에 투자활동현금흐름이 마이너스(빨간색)인 경우 투자 활동을 활발히 하고 있다는 증거다.

투자 활동은 지금 당장에는 기업의 비용이지만 미래에는 더 높은 현금 창출을 가져다줄 수 있다. 공장의 증설과 기계의 구입 등은 당해 연도에는 비용(-)으로 인식되어 재무제표상에 부정적인 영향을 불러오지만 이로 인해 향후 몇 년간 수익(+)으로 돌아온다. 강조하지만 요즘같이 산업 간 경계가 모호해진 시대에 투자가 없는 기업은 성장할 수 없다. 단언컨대 그나마 가지고 있던 시장점유율도 타 기업에게 잠식당할 수 있다. 따라서 투자활동현금흐름은 기업에 무리가 가지 않는 선에서 마이너스(-)가 나오면 나올수록 좋다고 생각한다. 단, 투자 비용을 무리하게 차입했을 경우 이자 비용도 함께 증가하니 기업의 매출과 당기순이익의 규모도 함께 비교하며 타당한 지출인지를 고려해봐야 한다.

필자 역시 투자 활동을 매우 중요하게 여긴다. 특히 성장주*를 투자할 때는 투자활동현금흐름이 플러스인 기업은 거르는 편이다. 다만 투자 목적으로 취득한 타사의 주식을 충분한 이익을 남기고 처분했을 때는 투자활동현금흐름이 플러스가 나오는 경우도 있기 때문에 기업의 투자활동현금흐름을 볼 때는 어떤 부분에

---

* **성장주**: 수익신장률이 높은 기업의 주식.

서 플러스 유입이 되었고, 마이너스 유출이 되었는지를 파악해야 정확한 분석이 가능하다. 이를 좀 더 정확히 파악하기 위해서는 표 아래에 있는 CAPEX 지표를 활용하면 좋다.

CAPEX(Capital expenditures, 자본적지출)는 미래의 이윤을 창출하기 위해 지출한 비용만을 따로 표시해둔 지표다. 회사가 향후 이윤을 창출하기 위해 투자한 자산(토지, 공장, 건물, 장비 등)을 나타내기 때문에 이 회사가 향후 현금흐름을 위해 얼마나 지출하는지를 명확히 알 수 있다. 미래에 고성장을 기대하는 성장주를 볼 때는 이 CAPEX를 주의 깊게 봐야 한다.

❸ 재무활동현금흐름

재무활동현금흐름은 기업이 자본을 조달하고 상환하는 재무 활동에 대한 현금흐름을 나타낸다. 기업의 재무 활동이라고 하면 은행 혹은 채권자에게 빌려온 차입금에 대한 이자 비용과 원금 상환, 주식 발행(유상증자), 배당금 지급 등을 포함한다. 일반적으로 재무활동현금흐름 역시 마이너스(빨간색)일수록 좋다고 이야기한다. 재무활동현금흐름의 지출이 많다는 것은 빌려온 돈에 대한 이자와 원금을 착실히 갚고 있다는 증거이며 주주에 대한 배당금을 지불할 능력이 있다는 것을 의미하기 때문이다.

재무활동현금흐름이 플러스(검은색)인 경우 기업이 돈이 부족해 사채를 발행하거나 은행에 차입했다는 것을 의미한다. 이처럼 사채와 차입금의 증가는 기업에 당장의 현금으로 쌓이지만,

미래에는 이자 비용과 함께 기업의 미래 현금흐름 유출을 불러온다. 따라서 기업의 영업활동현금흐름과 비교해 재무활동현금흐름이 플러스로 지나치게 차이가 난다면, 해당 기업은 한동안 성장하지 못할 가능성이 크다. 돈을 번 만큼 이자 비용으로 나가기 때문이다.

현금흐름표 정리하기

각각의 현금흐름을 정리해보면, 영업활동현금흐름은 유입액(+)이, 투자활동현금흐름과 재무활동현금흐름은 유출액(-)이 많으면 많을수록 좋다. 하지만 무조건 영업(+), 투자(-), 재무(-)가 좋은 것은 아니다.

흔히 배당을 많이 주는 배당주와 금융주 같은 경우에는 오히려 영업(+), 투자(+), 재무(-)가 더욱 좋은 현금흐름일 수 있다. 보통 배당을 많이 주는 기업은 성장 여력이 거의 없는 기업이 많다. 이미 예전부터 키워온 사업으로 충분한 현금흐름이 발생하고 있으니 카카오나 네이버처럼 성장 여력으로 투자자에게 어필하는 것이 아닌 충분한 현금흐름으로 배당을 많이 주는 정책을 펼치는 것이다. 이럴 경우 투자활동현금흐름은 플러스, 재무활동현금흐름은 큰 마이너스가 나오게 된다. 따라서 내가 이 기업을 투자할 때 어떤 부분을 중점적으로 볼 것인지(성장성, 안정성 등)에 맞게 현금흐름을 파악하는 것이 중요하다.

다만 영업활동현금흐름이 3년 연속 마이너스인 기업은 투자를 고민할 필요가 있다. 특히 현금흐름이 영업(-), 투자(+), 재무(-)인 기업은 거르라고 말하고 싶다. 영업 활동이 부실해 금융기관에서 빚을 독촉하고 있고 투자자산을 매각해 이를 갚는 데 허덕이고 있는 기업일 확률이 높기 때문이다.

기업이 영위하고 있는 사업과 산업의 특성을 고려해야겠지만 일반적으로 봤을 때 현금흐름에 따른 기업의 상황은 표와 같으니 참고하자.

● 현금흐름에 따른 기업의 상황

영업활동 현금흐름	투자활동 현금흐름	재무활동 현금흐름	주요 내용
+	-	-	이상적인 기업의 현금흐름 = 안정기
+	-	+	벌고 빌려서 투자하는 기업 = 성장기
-	-	+	빌려서 적자를 메우는 기업 = 위험
-	+	+	투자 자산을 매각해 빚 메꾸기 = 피할 것
-	+	-	영업 부실, 빚 독촉에 허덕이는 기업 = 도산

※ 위 도표는 일반적일 때에서의 흐름이니, 꼭 기업의 사업 상황과 함께 살펴보아야 한다.

내 종목은 고평가일까, 저평가일까?

주식을 하면서 "이 기업이 좋은 기업인가?"를 파악하는 것만큼 중요한 것이 있다. 바로 "지금 내가 산 가격이 합리적인 가격인가?"에 대한 것을 알아야 한다. 아무리 좋은 기업이라도 지금 내가 산 가격이 터무니없이 고평가된 가격이라면 수익을 낼 수 없기 때문이다. 사실 내가 산 가격이 합리적인 가격인지를 정확히 알 수 있으면 주식 투자하기 참 쉬울 것이다. 주가라는 것은 장기적으로는 기업의 내재가치와 수렴하기 때문에, 현재 가격이 내재가치보다 높게 형성되어 있으면 매도하고 낮게 형성되어 있으면 매수하면 되기 때문이다.

하지만 현실은 이처럼 간단하지 않다. 기업의 내재가치라는 것은 너무도 주관적이기 때문이다. 똑같은 재무 정보와 보도자료를 가지고도 사람마다 기업의 가치평가는 다르게 내린다. 어떤 사람은 CAPEX를 토대로 미래 기업 가치를 높게 평가할 수 있고, 어떤 사람은 낮은 영업이익률과 순이익률을 이유로 미래 기업 가치를 낮게 산정할 수 있다.

실제로 같은 기업에 같은 자료를 토대로 수많은 애널리스트들은 각각 다른 목표가를 제시한다. 당기순이익을 기준으로 삼는지, 매출성장률을 기준으로 삼는지, 혹은 기업의 자산을 기준을 삼는지에 따라 가격이 천차만별로 나오기 때문이다. 즉 우리는 정확한 기업 가치를 구할 수도, 알 수도 없다.

그럼에도 불구하고 기업의 적정가치를 산정하는 작업은 매우 중요하다. '정확한' 기업 가치라는 것을 알 수 없다는 것이지, 지금 거래되는 가격이 '어느 정도' 합리적인 가격인지를 파악하기에는 매우 도움이 되기 때문이다. 100억 원을 버는 회사를 '정확히 얼마의 가치가 있다'라고 말할 수는 없지만 동종 산업에서 1천억 원을 버는 회사와 같은 가격에 거래되는 것은 합리적이지 않다. 당연히 같은 가격이라면 돈을 더욱 많이 벌고 유망한 기업을 사는 것이 합리적일 것이다.

1 | 당기순이익을 기준으로
기업의 저평가 파악하기(EPS, PER)

같은 가격이면 돈을 더 잘 버는 회사를 사라. 너무나도 당연한 이
치이지만, 필자는 평소 전혀 해본 적 없는 생각이었다. 여태껏 '이
기업이 좋은 것 같은데…'라는 막연한 생각으로 매매해왔기 때문
이다. 마치 주식의 이치라도 깨달은 양, 필자는 억만장자가 되는
상상을 하며 컴퓨터 앞에 앉아 엑셀을 켰다. 그러고서는 관심 있
는 기업들을 나열한 후 당기순이익을 비교하기 시작했다. 하지만
엑셀에 각 기업의 당기순이익을 나열하고 현재 주가를 적어 놓으
니 문제가 생겼다.

● 표1

종목명	당기순이익	현재 주가
삼성전자	264,078억 원	81,800원
삼성바이오로직스	2,410억 원	735,000원

　　삼성전자와 삼성바이오로직스를 비교했을 때, 삼성전자는 삼
성바이오로직스보다 100배 이상 돈을 벌고 있지만 주가는 오히
려 1/9 수준이었다. 그렇다는 것은 현재 삼성전자가 삼성바이오
로직스보다 900배 이상 저렴하게 거래되고 있다는 뜻인데, 조금
만 생각해도 나의 계산이 틀렸다는 것을 알 수 있었다. 잠시 고민

에 빠진 필자는 곧 '발행주식 수'를 고려하지 않았다는 사실을 알 아냈다. 앞서 말했듯이 기업마다 발행주식 수가 다르므로 주식 1주당 가치 역시 다르다. 따라서 기업을 비교할 때는 발행주식 수를 고려한 시가총액을 비교하든가, 주가를 발행주식 수로 나누 어 비교해야 한다. 그러면 이제 발행주식 수를 고려해서 다시 비 교해보자.

● 표2

종목명	당기순이익(A)	발행주식 수(B)	주당순이익(A/B)
삼성전자	264,078억 원	5,969,782,550주	3,841원
삼성바이오로직스	2,410억 원	66,165,000주	3,642원

이처럼 발행주식 수를 고려해보니 확연히 다른 결과가 나타난 다. 당기순이익을 발행주식 수로 나눈 1주당 순이익을 보면, 삼 성전자는 1주당 3,841원의 당기순이익을, 삼성바이오로직스는 3,642원의 당기순이익을 벌고 있다. 그러면 이제 주당순이익을 각 기업의 주가와 비교해보자.

● 표3

종목명	당기순이익	현재 주가(A)	주당순이익(B)	C(A/B)
삼성전자	264,078억 원	81,800원	3,841원	21.3배
삼성바이오로직스	2,410억 원	735,000원	3,642원	201.81배

표 2에서 구한 주당순이익을 각 기업의 현재 주가와 비교해보니, 삼성전자의 현재 주가는 1주당 버는 돈의 21배에 해당하고 삼성바이오로직스의 현재 주가는 1주당 버는 돈의 201배에 해당하는 가격에 거래되고 있음을 알 수 있다. 따라서 당기순이익을 기준으로 기업의 주가를 판단한다고 할 때는 삼성전자가 삼성바이오로직스에 비해 약 10배 저평가되었다고 말할 수 있다.

처음 필자가 이를 엑셀에 계산해가며 구해냈을 때, '난 천재가 아닐까?' 하는 생각을 했지만 이내 허무한 사실을 발견했다. 굳이 엑셀에 힘들게 계산하지 않더라도, 네이버 금융 파이낸셜 서머리(Financial Summary)에 해당 정보가 깔끔하게 정리되어 나오기 때문이다.

● 네이버 금융 파이낸셜 서머리

EPS(원)	1,418	1,669	1,806	2,278	382	354	742	446
PER(배)	36.59	48.54	57.59	44.11	63.65	64.96	57.59	
BPS(원)	6,175	11,656	12,758	14,722	11,883	12,244	12,758	
PBR(배)	8.40	6.95	8.15	6.83	8.58	8.53	8.15	

해당 표는 영업이익률과 순이익률에서 좀 더 스크롤을 내리면 나와 있다. 방금 표 2에서 구한 주당순이익은 EPS란 이름으로, EPS를 현재 주가와 비교한 배수(C)는 PER란 이름으로 아주 깔끔하게 정리되어 있다.

EPS는 Earning Per Share의 줄임말로 주당순이익이라고 하며, 당기순이익을 총 발행주식 수로 나눈 값이다. EPS가 높을

수록 한 주당 벌어들이는 당기순이익이 높다는 의미다. 이를 현재 주가와 비교한 것이 PER(Price Earning Ratio)다. 다시 말해 매년 1천만 원을 버는 A사의 주식이 1만 주라면, A사의 EPS는 1천 원이다. 현재 A사의 주식이 1만 원에 거래된다면, A사의 PER는 10이 되는 것이다.

이처럼 PER는 현 기업의 주가가 기업이 벌어들이는 당기순이익에 비해 몇 배의 가격으로 거래되고 있냐를 말해주기 때문에 기업의 적정 주가를 계산할 때 자주 사용된다. 어떤 기업의 내년 주가는 예측할 수 없지만, 다음 연도의 당기순이익은 사업의 수주 상황을 보고 어느 정도 예측할 수 있기 때문에 예상 EPS에 적정 PER를 곱해 나온 값을 적정 주가로 사용하는 경우가 많다.

전통적으로는 기업의 주가가 고평가되어 있는지 저평가되어 있는지는 PER(보통 퍼라고 발음한다)가 10 이하면 저평가, 10 이상이면 고평가라고 말한다. 하지만 이제는 누구도 PER가 10을 넘느냐 못 넘느냐로 고평가, 저평가를 판단하지 않는다. 산업마다 매우 다른 PER가 적용되기 때문이다.

위에서 구한 삼성전자의 PER는 27, 삼성바이오로직스의 PER는 200이 넘는다. 이는 각 산업의 특성이 반영된 결과다. 바이오 기업 같은 경우 신약 파이프라인 하나가 기업의 10년 먹거리를 책임진다는 말이 있을 정도로 신약 하나가 개발됨에 따라 큰 경제적 부가가치(EVA)가 발생한다. 신약 파이프라인이 하나 통과되기 전까지 임상1상~임상3상의 과정을 거치는데, 바이오 기업들은 아직 임상이 진행 중인 신약에 대한 기대감까지 모두 포함되어 있기 때문에 타 산업 대비 매우 높은 PER를 가진다. 따라서 '이 기업이 적정한 가격에 거래되고 있는가?'를 당기순이익 관점에서 확인하고자 한다면, 'PER가 10이 넘는가?'보다는 '동일 산업 평균 PER에 비해 얼마나 낮은(혹은 높은) PER로 거래되고 있는가?'를 보는 것이 훨씬 정확하다.

동일 업종 PER 역시 네이버 금융에서 종목을 검색하면 우측에 '투자 정보' 아래에서 확인할 수 있다.

● 네이버 금융 '삼성전자' 투자 정보

PER ∣ EPS(2020.12) ?	21.19배	3,841원
추정PER ∣ EPS ?	16.02배	5,082원
PBR ∣ BPS (2020.12) ?	2.07배	39,406원
배당수익률 ∣ 2020.12 ?		3.68%
동일업종 PER ▸		**25.97배**
동일업종 등락률 ▸		-0.33%

● 네이버 금융 '삼성바이오로직스' 투자 정보

PER ∣ EPS(2020.12) ?	205.11배	3,642원
추정PER ∣ EPS ?	133.37배	5,601원
PBR ∣ BPS (2020.12) ?	10.75배	69,505원
배당수익률 ?		N/A
동일업종 PER ▸		**286.58배**
동일업종 등락률 ▸		+1.59%

2 | 자산가치를 기준으로
기업의 저평가 파악하기(BPS, PBR)

앞에서 설명한 EPS와 PER는 '당기순이익'을 기준으로 기업을 평가했다면, 그 밑에 BPS와 PBR은 기업의 '순자산가치'를 기준으로 기업의 저평가, 고평가를 판단하는 지표다. 기업의 순자산가치란 기업의 총자산에서 부채를 뺀 금액을 말한다. 쉽게 말해, 지금 당장 기업이 사업을 중단하고 갚아야 할 돈을 갚고 난 후 남은 금액이 순자산가치이며 청산가치라고도 한다. 이 BPS와 PBR은 주로 가치주*를 판단할 때 자주 사용하는 지표다. 이에 대해서는 가치 투자를 설명할 때 자세히 다루도록 하고, 여기서는 무슨 의미인지만 알고 넘어가도록 하자.

● 네이버 금융 파이낸셜 서머리

EPS(원)	1,418	1,669	1,806	2,278	382	354	742	446
PER(배)	36.59	48.54	57.59	44.11	63.65	64.96	57.59	
BPS(원)	6,175	11,656	12,758	14,722	11,883	12,244	12,758	
PBR(배)	8.40	6.95	8.15	6.83	8.58	8.53	8.15	

BPS(Book-value Per Share)는 '주당 순자산가치'다. 거래소에 상장한 기업들의 주인은 '주주'다. 따라서 기업이 사업을 중단하고

---

* **가치주:** 기업이 보유하고 있는 자산에 비해 기업 가치가 상대적으로 저평가됨으로써 낮은 가격에 거래되는 주식.

남은 돈을 분배할 때 주주들에게도 잔여 자산이 분배되는데, 해당 기업이 사업을 청산하면 1주당 받을 수 있는 돈이 BPS라고 생각하면 된다(Book-value는 '장부가치'이기 때문에 실제 청산받을 수 있는 돈은 차이가 날 수 있다). PBR(Price Book-value Ratio)은 기업의 주가 대비 BPS가 얼마냐를 나타내는 지표이며, 통상적으로 PBR이 1 이하면 저평가, 1 이상이면 고평가라고 이야기한다.

하지만 PBR 역시 주식의 적정 주가를 파악하는 여러 가지 지표 중 하나로만 참고해야지, 무조건으로 PBR이 1이 넘느냐 안 넘느냐만을 가지고 고평가와 저평가를 판단하기에는 무리가 있다. PBR로 봤을 때 대표적으로 저평가된 기업인 '한국전력'을 예로 들어 설명해보겠다.

다음 쪽 한국전력의 BPS와 PBR 표를 보자. 한국전력의 BPS는 4년 연속 10만 원이 넘어가지만, 한국전력의 PBR은 4년 연속 하락(심지어 PBR이 0.3 아래를 유지한 채로)하고 있다. 즉 BPS가 증가하더라도 주가는 하락할 수 있으며 장기적으로 해결되지 않을 가능성도 있다는 것이다. 이러한 저PBR의 장기화는 한국전력이라는 기업의 대내외 상황 때문이다.

현재 우리나라의 전력산업은 공기업인 한국전력공사가 독점적으로 국내에 전력을 공급하고 있다. 따라서 국가의 에너지 정책에 맞춰 한국전력공사의 사업 방향성도 정해진다. 우리나라는 현재 산업통상자원부에서 '에너지 기본계획'과 '에너지 수급계획' 보고서를 통해 중장기적 전력산업의 청사진을 제시하는데, 여기

● 한국전력의 BPS와 PBR

주요재무정보		BPS(원)	PBR(배)
최근 연간 실적	2018.12	108,641	0.30
	2019.12	105,140	0.26
	2020.12	107,945	0.25
	2021.12(E)	103,983	0.23
최근 분기 실적	2020.3	105,049	0.18
	2020.6	105,207	0.19
	2020.9	107,071	0.19
	2020.12	107,945	0.25
	2021.3	107,203	0.22

서 강조한 것은 '신재생 발전'과 '분산형 전원'이다. 현재 세계적으로 탈원전, 신재생 발전의 중요성이 강조되고 있기 때문에 우리나라 역시 이에 맞춰 전력산업을 바꿔나가겠다는 것이다.

여기까지는 한국전력공사가 저평가될 이유가 전혀 문제가 없다. 하지만 신재생 발전을 하기 위해서는 전기세 인상이 이루어져야 한다. 현재 우리나라 전기세는 '콩보다 두부가 싼' 상황이라고 말할 수 있을 만큼 저렴한 편이지만, 전기세를 인상하는 것은 생각보다 간단한 문제가 아니다. 전력은 필수 인프라이므로 가격의 변동에 따라 국내 경제가 큰 타격을 입을 수 있기 때문이다. 따라서 '가격을 올리지 못하는 상황에서의 신재생 발전으로의 전환'은 한국전력공사 입장에서 굉장히 난감할 수밖에 없다.

그렇다면 이처럼 수익성 개선이 어려운 상황에서 한국전력의 BPS가 높다고 저평가라고 볼 수 있을까? 당연히 다시 한번 생각해봐야 할 문제다. 한국전력의 PBR이 4년 연속 0.3 이하를 밑도는 것을 보면, 아마 많은 투자자들도 필자와 같은 생각을 하고 있을 확률이 높다. 물론 전기세가 인상된다면 한국전력은 충분한 장부가치를 가지고 있는 회사이기 때문에 주가가 크게 오를 수 있지만, 지금의 상황만 놓고 봤을 때는 투자 매력도가 떨어지는 것이 사실이다.

이처럼 앞에서 다른 지표들을 설명할 때도 꾸준히 강조했지만, 재무제표를 볼 때는 산업에 대한 이해가 가장 선행되어야 한다.

3 | 기업의 성장률을 기준으로 기업의 저평가 파악하기(PEGR)

위에서 설명한 PER, BPS 역시 유의미한 지표가 될 수 있지만, 사실 필자는 PEGR이라는 지표를 가장 많이 활용한다. PEGR은 다른 지표와 달리 기업의 성장률을 반영하는 지표이기 때문이다. PEGR(PEG라고도 부른다)은 앞에서 언급한 가치 투자의 대가 피터 린치가 만든 지표인데, PER는 단순히 해당 연도의 '당기순이익'이라는 지표를 가지고 기업의 주가를 판단하지만 PEGR은 '당기순이익의 성장률'을 함께 반영하는 PER의 업그레이드된 지표라고 볼 수 있다.

$$PEGR = PER \div EPS \text{ 성장률}(CAGR)$$

앞서 배웠던 다른 지표들은 네이버 금융에서 한눈에 확인할 수 있으므로 PER가 뭔지, PBR이 뭔지만 알면 된다. 반면에 PEGR은 직접 계산해야 한다. 이 과정이 상대적으로 까다로우므로 많은 투자자가 PEGR을 확인하지 않고(혹은 이러한 지표가 있는지도 모르는 경우가 많다) 투자를 결정한다. 하지만 PEGR은 투자(특히 고성장 기업)를 결정함에 매우 유용한 지표이기 때문에 알아둬야 할 필요가 있다(외울 필요는 없고 이 페이지를 표시해두었다가 본인이 찜해둔 종목을 분석할 때 숫자만 바꿔 대입하면 된다). 그렇다면 지금부터 PEGR에 대해 자세히 알아보도록 하자.

주식을 하다 보면 "그 종목은 PER가 너무 높아~"라는 말을 정말 많이 듣는다. 하지만 최근 코스피와 나스닥의 주가를 견인했던 종목들은 모두 PER가 100이 넘어가는 성장주였다. 단순히 PER가 높다는 이유로 투자를 망설였다면, 2020년과 같은 장에서는 큰 수익을 보지 못했을 거란 말이다. 이유 없이 PER가 높은 종목은 투자를 지양해야겠지만, 보통 PER가 높은 종목은 그에 맞는 이유가 있기 마련이다. 쉽게 예시를 보면서 알아보도록 하자.

같은 국가에서 동일한 사업을 영위하는 A회사와 B회사가 있다. 두 회사의 발행주식 수와 2020년 당기순이익도 같다면, 주당 순이익인 EPS(Earning Per Share)는 '당기순이익÷발행주식 수'이기 때문에 역시 같을 것이다.

● 표 1

기업명	발행주식 수	2020년 당기순이익	2020년 EPS
A회사	1억 주	1천억 원	1,000
B회사	1억 주	1천억 원	1,000

여기서 두 회사의 주가마저 1만 원으로 동일하다면 PER(현재 주가÷EPS) 역시 10으로 동일하다. 이 경우 투자자는 어느 회사에 투자해야 할까? 정답은 "전혀 상관없다."이다. 현재 가지고 있는 정보만을 보면 두 회사 간 어떠한 차이도 알 수 없기 때문이다. 그렇다면 최근 3개년치 당기순이익을 함께 보자.

● 표 2

기업명	2018년 당기순이익	2019년 당기순이익	2020년 당기순이익
A회사	800억 원	900억 원	1천억 원
B회사	300억 원	500억 원	1천억 원

이럴 경우 투자자들은 어느 회사에 투자할까? A회사가 최근 3년 동안 안정적인 수익을 냈기 때문에 A회사를 선호하는 투자

자도 있겠지만, B회사가 매년 엄청난 성장을 하고 있기 때문에 B 회사에 투자하는 것을 선호하는 투자자가 훨씬 많을 것이다. 특히 고성장 산업(IT, 소프트웨어 등)의 경우 소비재 산업(식료품과 같은 필수재)보다 성장률이 투자에서 굉장히 중요한 지표이기 때문에 A회사보다 B회사의 기업 가치가 훨씬 높게 평가될 확률이 높다.

실제로 PER가 높은 기업들은 성장률이 굉장히 높은 기업이 많다. 지금까지 이 기업의 성장률을 봤을 때 미래에도 더욱 성장할 것이라는 기대감이 주가에 반영되었기 때문에 PER가 높게 형성된 것이다. 즉 PER가 높다는 것은 '고평가되어 있다'라는 의미로도 해석하지만 '성장률이 높다, 혹은 미래에 기대가 크다'라고도 해석할 수 있다.

그렇다면 당기순이익의 성장률을 반영해서 B회사를 다시 분석해보자. 보통 PEGR은 3~5년치 자료를 이용하기 때문에, A회사의 2017년 당기순이익을 700억 원, B회사의 2017년 당기순이익을 200억 원으로 가정해보겠다. A회사와 B회사의 EPS 성장률을 비교해보면 다음 쪽의 표 3과 같다. (이때 두 회사 모두 발행주식 수는 변화가 없었다고 가정한다.)

앞에서 본 것과 같이 A회사도 매년 성장하고 있기는 하지만 성장의 폭은 점점 둔화되고 있다. 반면 B회사는 매년 50% 이상 성장을 하고, 가장 최근인 2020년도에는 두 배의 성장을 했다. 그러면 이제 PEGR을 구하기 위해 '연평균 성장률'을 구해야 한다. 각 연도의 성장률을 대입하지 않는 이유는 해당 연도의 성장률은

항목	2018년	2019년	2020년
A회사 EPS 성장률	14.3%	12.5%	11.1%
B회사 EPS 성장률	50%	66.7%	100%

그해에만 일어난 특수한 사건으로 인해 비정상적으로 당기순이익이 높게 나왔을 가능성이 있기 때문이다. 따라서 보통 연평균 성장률은 3~5년치 평균을 구한다. 그렇다면 우리가 필요한 연평균 성장률은 어떻게 구해야 할까? 단순히 각 연도의 성장률을 더하고 N년치를 나누는 산술평균으로 구하게 된다면 계산에 오류가 생긴다. 매년 회사의 당기순이익은 재투자되기 때문이다.

예를 들어 내가 100만 원이라는 초기 자금으로 2019년에는 -20%의 손실을, 2020년에는 +10%의 수익을 냈다고 했을 때, 단순히 (-20%+10%)/2로 계산하게 되면 나의 2년간 평균 수익률은 -5%가 된다. 2년 평균 수익률이 -5%이면, 나의 기말자금은 '100만 원×0.95×0.95'인 90.25만 원이 남아 있어야 한다. 하지만 실제 100만 원으로 첫해 -20% 손실을 기록 후, 다음 해 10%의 수익을 낸다면 나의 기말자금은 88만 원(100만 원×0.8×1.1)이 남게 된다. 즉 단순 연평균 성장률(CAGR)로 연평균 수익률을 구하면 안 된다는 것이다.

정확한 평균 수익률을 구하기 위해서는 기하평균인 CAGR(Compound Annual Growth Rate)을 사용해야 한다. CAGR은 공식을 이용해 간편하게 구할 수 있다(위의 수학적인 이야기들이 이해가 안 가더라도 다음의 식 하나만 기억해서 대입하면 된다).

$$CAGR = (최종\ 연도\ 값 ÷ 최초\ 연도\ 값)\ ^\wedge(1 ÷ 연도\ 간격) - 1$$

A회사의 경우, 최종 연도(2020년) 값은 1천억 원, 최초 연도 (2018년) 값은 800억, 연도 간격은 3이기 때문에 이를 그대로 대입하면 '(1,000억 원÷800억 원)^(1÷3)-1=7.72%'가 나온다. 같은 방법으로 B회사의 CAGR을 구해보면 49.38%다. 즉 A회사는 최근 3년간 매년 평균 7.72%씩 성장했으며, B회사는 49.38% 성장한 것이다. 이제 PEGR을 구하는 공식에 A회사와 B 회사의 CAGR을 대입해보면, 다음 쪽의 표 4와 같은 결과가 나온다.

2020년 기준 당기순이익과 발행주식 수, 현재 주가까지 같은 A회사와 B회사에 연평균 성장률인 CAGR을 반영했더니 A회사의 PEGR은 1.3, B회사의 PEGR은 0.2이라는 결과가 나왔다. 당기순이익과 주가 같은 현재의 정보만을 반영한다면 두 기업은 동일한 PER를 갖지만, 당기순이익의 성장률과 같이 과거의 정보까지 반영한다면 A회사보다는 B회사가 훨씬 저평가되어 있다는 것이다. 이처럼 PEGR은 매년 당기순이익이 큰 폭으로 성장하는 기업이 고평가되어 있는지를 파악하기에 매우 좋은 지표다.

통상적으로 PEGR은 1을 기준으로 고평가, 저평가를 판단한다. PEGR을 만든 피터 린치는 "PEGR이 0.5 이하면 매수하고,

● 표 4

항목	A회사	B회사
현재 연도	2020년	2020년
(1) 당기순이익	1,000억 원	1,000억 원
(2) EPS = (1) ÷ 발행주식 수	1,000원	1,000원
(3) 현재 주가	10,000원	10,000원
(4) PER = (3) ÷ (2)	10	10
(5) CAGR	7.72%	49.38%
(6) PEGR = (4) ÷ (5)	1.30	0.20

1.5 이상이면 매도하라."라고 이야기했으니 본인이 보유한(혹은 투자를 고려하는) 기업의 PEGR을 직접 구해보고 투자 결정에 참고하는 것도 좋은 방법이다.

수익성만큼 중요한 안정성 파악하기

앞에서는 대체로 "이 회사가 돈을 잘 버는 회사인가?"에 대한 내용이었다면, 지금부터는 "이 회사가 안전한 회사인가?"를 알아볼 수 있는 지표에 대한 내용이다. 매출이 지속적으로 성장하고 투자 지출 역시 매년 증가하지만, 기업이 무리하게 사업을 진행함으로써 한순간에 회사가 힘들어질 수 있으므로 투자자는 기업의 수익성뿐 아니라 안정성 역시 꼼꼼하게 봐야 한다.

회사의 안정성을 파악하기 위해서는 크게 '부채비율'과 '자본유보율'을 살펴봐야 한다.

126

부채비율	53.00	100.28	100.76	83.87	102.63	98.64	100.76
자본유보율	1,328.77	2,392.08	2,608.19		2,436.43	2,507.23	2,608.19

1 | 부채비율

부채비율은 말 그대로 기업이 갖고 있는 자산 중 부채가 어느 정도 차지하고 있는가를 나타내는 지표다. 조금 더 자세하게 이야기하자면, 기업의 '타인자본' 의존도에 대한 지표라고 볼 수 있다. 기업의 자산(assets)은 부채(liabilities)와 자본(capital)으로 이루어진다.

부채는 기업이 은행으로부터 자금을 차입해오거나 채권자로부터 빌려온 돈을 말한다. 따라서 기업의 부채는 다시 갚아야 할 돈이기 때문에 '타인자본'이라고도 이야기한다. 반면에 자본은 주주에게 투자받은 돈이기 때문에 다시 돌려줄 필요가 없으므로 '자기자본'이라고 이야기한다. 이러한 기업의 부채와 자본, 자산의 구성은 '대차대조표'에서 자세한 항목을 기재하고 있으며 다음 쪽의 도표와 같은 형태로 구성되어 있다.

여기서 중요한 것은 타인자본에 있는 돈은 언젠가 갚아야 할 돈(미래 현금흐름의 유출)이며, 보유 기간 동안 이자 비용이 발생한다는 것이다. 따라서 기업이 부채를 어느 정도 갖고 있냐에 따라 현

● 대차대조표

재의 수익성에 악영향을 줄 수도 있으며(이자 비용 발생), 미래의 현금흐름 유출 정도도 달라진다. 부채비율은 자기자본(자본)에 비해 타인자본(부채)을 어느 정도 보유하고 있는가를 나타내주는 지표이기 때문에 투자자는 부채비율을 통해 기업이 적정한 부채를 가지고 있는지 파악해야 한다.

부채비율이 200%라는 것은 타인자본이 자기자본에 비해 두 배 많다는 것을 의미한다. 기업이 아무리 돈을 잘 벌고 있어도 부채비율이 높은 기업은 이자 비용의 발생으로 지속적인 성장이 어려울 가능성이 크다. 통상적으로 부채비율이 100% 이하면 안정적이라고 보지만, 선진국에서는 200% 이하까지 안정적인 부채비율로 인정한다. 하지만 이 역시 산업마다 편차가 큰 지표이기 때문에, 산업의 특성을 이해하면서 읽어야 제대로 된 해석이 가능하다.

예를 들어 은행·금융업종은 고객들의 예탁금이 '부채'로 기록되기 때문에 타 산업 대비 매우 높은 부채비율을 가지고 있다. 이런 특성을 가지고 있는 은행업종을 부채비율 100%를 기준으로 바라보게 된다면 해당 기업을 제대로 해석하지 못할 것이다. 따라서 부채비율을 바라볼 때도 '동일 업종 대비' 어느 정도의 부채비율을 유지하고 있는지를 파악해야 한다.

2 | 자본유보율

자본유보율은 기업의 잉여금을 납입자본금으로 나눈 비율이다. 유보율이 높다는 것은 잉여금이 많거나 자본금이 적다는 것인데, 자본금은 기업이 감자(주식을 줄이는 것)를 하지 않는 한 매년 동일하기 때문에 "기업의 사내 잉여금이 많다."라고 해석할 수 있다. 기업의 사내 잉여금이 많다는 것은 급히 현금이 필요할 때 좀 더 안정적으로 자금을 조달할 수 있음을 의미한다.

예를 들어 기업의 미래를 위해 공장 증설을 결정했을 때, 사내에 돈이 없는 기업은 외부시장에서 자금을 조달받아야 한다. 자금 조달을 위해 채권을 발행하면 기업의 부채가 증가하고, 주식을 발행하면 발행주식 수가 늘어남에 따라 주당 가치가 희석되기 때문에 투자자 입장에서는 둘 다 그렇게 기분 좋은 일은 아닐 것이다. 하지만 유보율이 높은 기업은 돈을 빌릴 필요 없이 기업 내에 돈을 통해 안정적으로 자금을 조달할 수 있게 된다.

특히 2020년 코로나19와 같이 급작스러운 시장 충격이 있을 경우, 기업의 사내 잉여금은 충격을 완화할 수 있는 쿠션 작용을 해서 보다 안정적으로 기업 경영을 할 수 있게 해준다. 2020년에 유독 유상증자를 한 기업들이 많았던 이유도, 코로나19로 인해 사업에 예상치 못한 변수가 생기고 사내 유보금이 부족하기 때문에 급히 주식을 추가 발행해 주주로부터 자금 수혈을 받은 기업이 많기 때문이다. 필자 역시 2020년과 같은 상황에서 투자할 기업을 고를 때, 유보율을 굉장히 신경 썼다.

보통 유보율이 100% 미만이면 기업의 잉여금이 부족하다고 이야기하며, 100% 이상은 준수, 1천% 이상은 아주 좋음으로 해석한다. 유보율이 1천%가 넘는 기업은 부채비율이 100%가 넘어가도 안정적으로 부채를 갚을 능력이 있다고 판단하기 때문에, 보통 부채비율과 유보율을 함께 보며 "이 기업이 안정적인 부채를 운영하고 있고 이를 갚을 능력이 있는가."를 판단한다.

그렇다고 유보율이 1만%가 넘어가는 기업을 "엄청 좋은 기업이다!"라고 이야기하지는 않는다. 기업은 영업 활동을 통해 번 잉여금을 일정 부분은 미래를 위해 재투자하고, 일정 부분은 주주에게 배당을 통해 돌려주거나 향후 시장이 불안정할 것을 대비해 사내에 유보한다. 하지만 유보율이 1만%가 넘게 쌓인 기업은 잉여금을 효율적으로 운영하지 않고, 무작정 사내에 쌓아두고 있을 확률이 높으므로 필자는 적당한 유보율을 가지고 있는 기업을 더욱 선호하는 편이다.

사실 재무제표를 제대로 보기 위해서는 더욱 세세한 항목까지 살펴봐야 하지만, 이 정도만(물론 이 정도도 양이 많다) 알아도 주식으로 큰 손실을 보지는 않을 거라고 자신한다. 본인이 위의 내용들을 어느 정도 숙지했고, 직접 종목을 분석하는 데 적용 가능하다면 재무제표를 더욱 자세히 보는 법을 다룬 책을 사서 공부하는 것을 강력히 추천한다. 회사의 이름을 가리고 재무제표만 보더라도 대충 이 회사가 어떤 상황에 처해 있고, 적정 가치가 어느 정도인지 파악할 수 있을 만큼 재무제표의 힘은 대단하다.

4장

언제 사고 언제 팔아야 하나요?

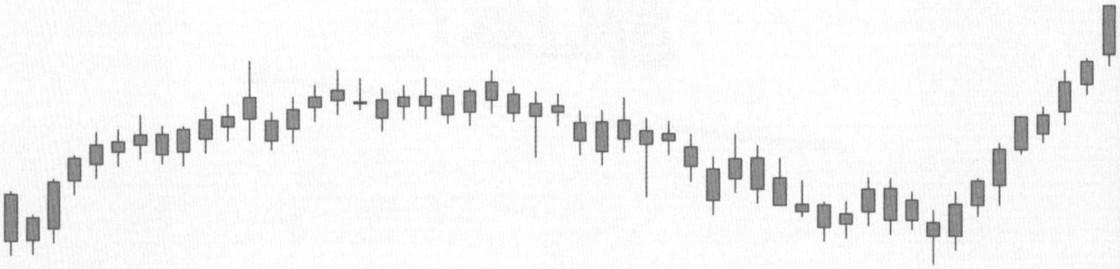

매매 시점 판단을 돕는 기술적 분석

지금까지는 어떤 기업이 좋은 기업인지를 알아볼 수 있는 '기본적 분석'에 대한 이야기였다면, 지금부터 할 이야기는 언제 매수, 매도를 해야 하는지 매매 시점을 판단할 수 있는 '기술적 분석'에 대한 이야기다. 아마 주식에 관심이 있다면, 한 번쯤은 주식 유튜브나 증권 방송에서 차트에 선을 그려놓고 알 수 없는 용어들을 사용해가며 주가를 예측하는 것을 봤을 것이다. 이처럼 차트(과거 데이터)를 사용해 주가를 예측하는 것이 기술적 분석의 핵심이다.

초보 투자자들도 기본적 분석보다는 기술적 분석에 더욱 흥미가 생길 것이다. 기본적 분석은 앞서 말한 것처럼 기업이 속해 있는 산업과 재무제표, 심지어는 기업이 판매하고 있는 재화가 앞으로 어떤 상황에 처해 있고, 내가 투자하고자 하는 기업은 어떤 스탠스를 취하는지까지 파악해야 해서 '내가 과연 할 수 있을까?' 하는 생각이 먼저 든다. 하지만 기술적 분석은 기업의 가치보다는 차트의 모양, 거래량 등을 우선해서 보기 때문에 상대적으로 쉬워 보이기는 한다.

결론부터 이야기하자면 기술적 분석이 결코 기본적 분석보다 쉽지만은 않다. 차트를 보고 주가를 예측하는 데는 수백 개의 기법이 있기 때문이다. 똑같은 자료를 보여주고도 차티스트(기술적 분석의 전문가)마다 제각기 다른 예측을 한다. 그만큼 주관적이고, 맹목적으로 기술적 분석만을 이용해 매매하는 데는 한계가 있다.

기본적 분석을 서포트하는 기술적 분석

사실 개인적으로 기술적 분석은 단순히 기본적 분석을 서포트하는 역할에 그치지 않다고 생각한다(물론 기술적 분석만으로도 돈을 버는 사람이 있지만 극소수에 불과하다). 매매하기에 앞서 기업의 기본적 분석을 끝내고 나서 "이 기업이 좋은 기업 같은데 언제 사야 할까?"를 결정하는 데 활용하는 정도로 충분하다. 오히려 기술적 분석만을 토대로 매매를 하다 보면 큰 함정에 빠지는 경우가 허다하니 주의하자.

최고 657,000 (-31.81%, 04/18) →   657,000

500,584

448,000

344,167

187,751

차트 1을 보자. 어느 기업의 주봉(일주일 단위) 차트다. 오로지 이 차트만 봤을 때, 이 기업의 주가는 앞으로 어떻게 될까? 아마 대부분의 사람들이 해당 기업의 주가가 이전에도 가파른 상승 뒤 하락 후 바닥을 다지는 모습을 보이다 올랐으니, 이번에도 40만 원 부근에서 오르락내리락하다가 다시 상승할 것이라고 이야기할 것 같다. 그렇다면 이 기업의 주가가 어떻게 되었는지 차트 2를 통해 확인해보자.

이 기업의 주가는 40만 원 선에서 바닥을 다지기는커녕, 롯데

● 차트 2

← 최고 657,000 (-93.74%, 04/18)

657,000

499,363

341,725

184,088

최저 26,450 (55.39%, 03/16) →

41,100

월드의 자이로드롭을 타는 것처럼 주가가 내려가더니 65만 원
하던 주가는 결국 2만 6천 원이 되고 말았다. 해당 기업의 산업이
급격히 안 좋아지고, 기업의 부채가 증가하면서 생긴 일이다.

이처럼 기업이 속해 있는 산업에 대한 이해와 기업의 상황 등
을 빼놓고 과거 차트로만 주식을 한다는 것은 '백미러만 보고 운
전하는 것'과 같다. 내 차가 어디로 향하고 있는지, 앞에 장애물
은 무엇이 있는지는 살피지 않은 채 '뒤에 차가 없으니 속도를 내
볼까?'라는 식의 사고방식으로는 대형 사고를 피할 수 없다.

그럼에도 불구하고 기술적 분석을 소개하는 이유는 기본적 분석만으로 매매하는 것보다 어느 정도 기술적 분석의 도움을 받아 매매하는 것이 훨씬 더 유의미한 수익률이 나오기 때문이다. 그러면 지금부터 필자가 실제로 유용하게 사용하는 기술적 분석과 알아두면 좋은 기술들을 소개하겠다.

1 | 이동평균선(이평선)

우선 기술적 분석에서 이동평균선('이평선'이라고 자주 부른다)을 빼놓고는 이야기할 수 없다. 그만큼 중요하면서 사람들이 자주 쓰는 지표다.

이동평균선이란 일정 동안의 주가의 평균을 차례로 연결해 만든 선이다. 예를 들어 5일 이동평균선이라 하면, 가장 최근의 5일 동안 주가 평균을 구해서 이 값들을 연결해놓은 것이다. 주로 이동평균선은 단기(5일, 20일), 중기(60일), 장기(120일) 이동평균선이 있으며, 우리가 보는 차트에도 모두 표시되어 있다.

개인 투자자가 흔히 사용하는 모바일 앱에서 차트를 보면 좌측 상단에 '5, 10, 20, 60, 120'이라는 숫자가 보인다. 좌측부터 차례대로 분홍색이 5일 이평선, 파란색이 10일 이평선, 노란색이 20일 이평선이라는 뜻이며, 색상은 본인이 원하는 대로 설정 가능하다.

아무튼 다시 차트를 보면 아래에서부터 차례로 120일선, 60일선, 20일선, 10일선, 5일선 순으로 정렬되어 있다. 이는 평균 집계 기간을 길게 잡을수록 가격이 낮다는 뜻으로, 현재 상승 장세에 있음을 말해준다(사실 상승국면인지 하락국면인지는 이동평균선을 볼 필요 없이 알 수 있다). 최근 집계한 이동평균선이 차트 3과 같이 위에서 아래로 정렬된다면 정배열, 아래에서 위로 정렬(120일선이 가장 위에 있는 배열)을 역배열이라고 한다. 그렇다면 역배열의 차트도 한 번 보도록 하자.

● 차트 4 이평선 역배열

MA 단순 종가 ■5 ■10 ■20 ■60 ■120   92

최고 22,240 (-33.24%, 05/09)   22,341

←최고 22,240 (-33.24%, 05/09)

20,273

18,206

16,138

14,848

최저 14,070 (5.53%, 08/16)→   14,070

2019/06/03   2019/07/05   2019/08/07

차트 4는 아래에서부터 차례로 5일선, 10일선, 20일선, 60일
선, 120일선으로 정렬되어 있다. 즉 주가 집계 기간이 길수록 평
균이 높다는 뜻이므로 현재 하락 장세를 맞고 있음을 알 수 있다.

그러면 이제 이동평균선을 이용해 매수와 매도 시점을 구분해
보자. 방금 설명했듯 이동평균선은 일정 기간의 주가 동향을 나
타낸다. 따라서 이를 이용해 투자 심리의 변화 혹은 주가의 동향
변화도 알아낼 수 있다. 이처럼 이동평균선을 보고 기업의 주가
가 하락 장세에서 상승 장세로 변화하는 시점을 '골든크로스', 반

대로 상승 장세가 하락 장세로 변경되는 시점을 '데드크로스'라고 한다. 즉 골든크로스 지점은 매수 시점, 데드크로스 지점은 매도 시점이다.

보통 '단기 골든크로스'는 5일 이동평균선이 20일 이동평균선을 상향 돌파하는 것을 말하며, '중기 골든크로스'는 20일과 60일 이동평균선을 상향 돌파, '장기 골든크로스'는 60일선과 120일선을 상향 돌파하는 것을 말한다. 하지만 단순히 단기 이동평균선이 장기 이동평균선을 상향 돌파했다고 모두 의미 있는 골든크로스로 받아들이지는 않는다. 보통 바닥권*에서 거래량의 증가와 함께 5일선이 중기 이동평균선을 상향 돌파할 시에 하락 추세가 상승 추세로 전환되었다고 판단해 매수 시점으로 본다.

반대로 데드크로스는 가장 위에 배치되어 있던 5일 이동평균선이 점점 아래로 내려오면서 20일 이동평균선을 하향 돌파하는 것을 말한다. 마찬가지로 단기 이동평균선이 장기 이동평균선을 하향 돌파했다고 모두 의미 있는 데드크로스로 받아들이지는 않는다. 천장권**에서 나타나는 데드크로스에 신뢰가 있다. 5일선이 중기 이동평균선을 하향 돌파할 시에 주가가 하락 추세로 전환된다고 판단해 매도 시점으로 본다.

---

* **바닥권**: 주가가 떨어지다가 일정 부근에서 머무는 가격대.
** **천장권**: 주가가 높이 형성되어 있는 가격대.

2 | 지지선과 저항선 (Feat. 박스권)

다음으로는 지지선과 저항선이다. 아마 많이 들어봤을 수도 있다. 이동평균선만큼이나 투자자들이 많이 활용하는 기술적 지표이며, 필자도 매우 신뢰를 가지고 사용하는 지표다.

지지선은 말 그대로 '주가를 지지하는 선(가격대)'이다. 어떤 기업의 주가를 오랜 기간 관찰하고 있으면, 주가가 올라갔다 내려갔다 하면서 꼭 어느 부분(가격대)에서 반등하는 모습을 보여준다. 이러한 가격대를 '지지선'이라고 한다. 반대로 어느 기업의 주가가 분위기가 좋다가도 꼭 일정 가격대를 넘지 못하고 다시 내려오는 경우가 있는데 이를 '저항선'이라고 말한다.

지지선과 저항선은 매수 세력과 매도 세력의 심리로 설명할 수 있다. 예를 들어 투자자들이 A기업의 적정 주가를 5만 원이라고 생각하는데, 이 기업의 주가가 6만 원을 돌파했다고 가정해보자. 그렇다면 투자자들은 어떤 행동을 취할까? 6만 원이 되는 즉시 매도해 차익 실현을 할 것이다. 그렇게 매수 심리보다 매도 심리가 강해져 기업의 주가가 쭉쭉 내려간다. 그러다가 A기업의 주가가 4만 원이 되면, 투자자들은 이 기업을 저평가라고 판단해 매도 심리보다는 매수 심리가 강해진다. 따라서 A기업의 주가는 반등하게 된다.

이때 4만 원을 A기업의 '지지선', 6만 원을 A기업의 '저항선'이라고 말한다. 이로 인해 A기업의 주가가 오랜 시간 4만 원(지지선)

과 6만 원(저항선)을 넘지 못하면 차트는 4만~6만 원 사이 구간을 지그재그 모양으로 형성된다. 이를 박스에 갇힌 것 같다는 표현으로 '박스권'이라고 말한다. 우리가 흔히 말하는 '박스피'도 우리나라 코스피 지수가 오랜 기간 2,700이라는 저항선을 뚫지 못하고 박스권에서 왔다 갔다 하자 생긴 별명이다.

그렇다면 우리는 이 저항선과 지지선을 통해 어떻게 매매 시점을 포착할 수 있을까? 꼭 정답은 아니지만, 보통 오랜 박스권을 형성하던 주가가 저항선을 상향 돌파했을 때를 매수 시점, 반대로 박스권을 뚫고 지지선을 하향 돌파했을 때를 매도 시점으로 본다. 기업의 주가가 저항선을 뚫고 올라가게 되면, 한동안은 상승 추세가 지속될 가능성이 크며 돌파한 저항선은 다시 새로운 지지선이 되는 경우가 많다. 하지만 주가가 지지선을 뚫고 내려가게 되면, 당분간은 하향 추세가 지속될 가능성이 크고 이전 지지선이었던 가격대가 저항선이 되는 경우가 많다.

또한 자신이 판단한 지지선 부근에서 다시 반등하면서 거래량이 커진다면 이를 매수 시점으로 생각하기도 한다. 내가 산 가격(지지선 부근) 밑으로 떨어질 가능성보다 다시 저항선 부근까지는 올라갈 가능성이 매우 크기 때문이다. 반대로 저항선을 뚫지 못하고 거래량이 줄어든다면 이를 매도 시점으로 잡는다. 저항선을 뚫고 올라갈 가능성보다 다시 지지선 부근까지 내려올 가능성이 더욱 크기 때문이다.

실제로 필자는 기업 분석이 끝나고 매수를 할 때 총 세 번에 걸

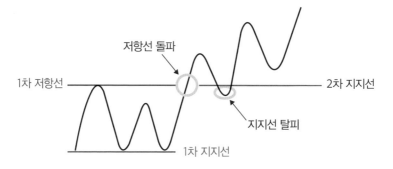

처 분할매수를 한다. 1차 매수는 당일에 진행하고 2차와 3차 매수는 지지선 부근에서 매수하거나 저항선을 상향 돌파했을 때 매수한다. 분할매수는 뒤에서 다시 이야기하도록 하고, 방금 말한 저항선과 지지선을 그림으로 확인해보자.

저항선과 지지선 그림을 보자. 1차 지지선과 1차 저항선 사이에서 주가가 왔다 갔다 하다가, 주가가 1차 저항선을 돌파하자 상승 추세로 접어드는 모습이다. 이때 1차 저항선은 새로운 지지선(2차 지지선)이 된다.

물론 저항선과 지지선이 정해진 대로 움직이지는 않는다. 그림처럼 저항선을 돌파했다가 우상향하는 과정에서 지지선을 탈피하기도 하며, 저항선 돌파 후 다시 1차 지지선까지 내려가기도 한다. 따라서 저항선을 상향 돌파했다고 곧바로 추격 매수를 하거나, 지지선을 하향 돌파했다고 곧바로 매도해서는 안 된다. 저항선 돌파 후 저항선이 다시 지지선 역할을 하는지, 지지선 돌파 후 다시 반등하지는 않는지를 좀 더 두고 보고 매매를 결정하는 것이 현명하다.

그림으로 설명하자면 저항선 돌파(첫 번째 노란색 동그라미 부근) 시점에서 매수하는 것보다는 잠시 지지선을 탈피한 후 복귀하는(두 번째 노란색 동그라미 우측 부근) 시점에서 매수하는 것이 현명하다는 것이다.

3 │ 볼린저밴드

마지막으로 볼 것은 '볼린저밴드'다. 볼린저밴드는 기술적 분석가들이 가장 신뢰하는 도구이면서 많은 투자자가 사용하는 기술적

● 볼린저밴드

보조 지표다. 볼린저밴드는 '상한 밴드'와 '하한 밴드', 그리고 '중심 밴드'로 구성되어 있다. 주가는 기본적으로 이 상하단 밴드 내에서 움직인다는 전제하에 고안된 지표이며, 실제로 유가증권시장의 주가는 90% 이상 볼린저밴드 내에서 움직인다. 즉 이동평균선이 하나의 가격(선)으로 되어 있다면, 볼린저밴드는 구역(상하단 밴드 내)으로 주가의 추세를 나타낸다고 보면 된다. 이때 볼린저밴드의 중심은 '20일 이동평균선'이며, 상단 밴드와 하단 밴드는 각각 중심선에서 '표준편차×2'를 플러스(+) 마이너스(-)해준 값이다. MTS(모바일 앱)과 HTS(컴퓨터 앱)에서 모두 설정 가능하며, 여기서는 초보자들이 훨씬 더 자주 사용하는 모바일 앱 화면을 기준으로 볼린저밴드를 보도록 하자(직접 봐야 이해가 편하다).

이해를 돕기 위해 이동평균선을 제외하고 볼린저밴드만을 표시한 그래프를 보자. 하늘색 선이 하단(하한) 밴드, 빨간색 선이 상단(상한) 밴드로 기업의 주가는 대부분 이 구간 내에서 움직이는 모습을 확인할 수 있다. 남색으로 표시된 동그라미가 주가가 볼린저 상단 밴드를 돌파한 부분으로 매도 시점에 해당하며, 빨간색으로 표시된 동그라미가 주가가 볼린저 하단 밴드를 이탈한 매수 시점에 해당한다.

그림을 보면 알겠지만 볼린저밴드가 아무리 신뢰도가 높다고 하더라도 매도 시점에서 더 올라가기도 하고, 매수 시점에서 더 내려가기도 한다. 그럼에도 불구하고 다른 지표보다 훨씬 신뢰도 있는 모습을 보여주고 있다. 따라서 필자도 볼린저밴드는 항상 차트에 표시해두며 자금 상황에 따라 유용하게 사용하고 있다.

앤츠의 꿀팁

앤츠는 기술적 지표로 매수 시점은 참고하지만, 웬만해서는 매도는 하지 않으려고 노력한다. 현재 보유하고 있는 포트폴리오가 대부분 중장기 투자 기업으로 구성되어 있기 때문이다. 하지만 현재 보유하고 있는 기업보다 더 투자하고 싶은 기업이 나온다면 볼린저 상단 돌파나 데드크로스 등의 신호가 포착 시 매도하고, 새로운 기업을 골든크로스나 볼린저 하단 이탈 신호 포착 시 매수하는 등의 용도로 사용한다.

그 외에도 거래량 지표, 변동성 지표 등 수백 가지의 기술적 분석이 있지만, 개인적으로는 이 정도의 기술적 분석만 알아도 주식 투자를 하는 데는 전혀 문제가 없다고 생각한다. 차트를 분석하면서 미래를 예측하는 것보다는 그 시간에 기업을 더 깊게 분석하고 공부하는 것이 훨씬 더 큰 보상으로 돌아올 것이다. 특히 지금 막 주식을 시작하는 사람들이라면, 기술적 분석은 매매 시점을 잡기 위해 참고용으로만 사용하고 기본적 분석에 더욱 충실히 하라고 말해주고 싶다.

관건은 투자 성향이다, 포지셔닝별 매매 시점

앞서 설명한 기술적 분석도 매매 시점에 관련한 것이기는 하지만, 사실 매매 시점을 포착하는 데 더 중요한 것이 바로 본인의 '투자 포지셔닝'이다. 좀 더 자세히 말하자면 본인이 해당 종목을 어떤 이유로 매수했는지, 즉 어떤 포지션으로 들어갔는지에 따라 매수와 매도 시점이 정해진다고 볼 수 있다.

필자가 주식 칼럼을 연재하며 가장 많이 받았던 질문 중 하나가 "언제 팔아야 할지 모르겠어요."였다. 이 질문에 대한 답변을 지금까지의 기술적 분석만으로 대답해주기는 굉장히 어렵다. 아무리 좋은 종목도 조정을 거치며 우상향하기 때문에, 조정 중 기

150

술적으로는 매도 신호가 나타나기도 하기 때문이다.

그렇다면 정말 좋은 기업이 있는데 기술적으로 매도 신호가 왔다고 해서 파는 것이 좋은 투자일까? 아닐 것이다. 따라서 필자는 기업마다 투자 포지션을 정해놓고 매매를 한다. 내가 정해놓은 포지션에 따라 어떤 기업은 조정장에 추가 매수를 하는 반면, 어떤 기업은 과감하게 팔아버리는 것이다. 앞서 설명한 '재무제표 보는 법'이 전장에 나가기 위해 무기를 준비하는 과정이었다면, '투자 포지셔닝 정하기'는 전쟁에 나갈 전략을 세우는 것과 같다. 아무런 전략 없이 전장에 뛰어들면 전장 상황에 따라 유연하게 대처할 수 없듯이, 주식 역시 마찬가지다. 본인의 투자 포지션을 정하지 않고 아무런 원칙 없이 거래를 하다 보면 뇌동매매를 할 가능성이 커진다.

사실 투자자마다 투자 방법이 모두 다르므로 이를 몇 가지 투자 포지셔닝으로 범주화하기에는 무리가 있다. 투자자의 투자 기간, 투자성향, 투자금에 따라 유동적으로 바뀔 수 있으므로 여기서는 '투자 기간에 따른 포지셔닝'을 위주로 다루도록 하겠다. 투자 기간은 크게 '초단기, 단기, 중장기, 장기'로 나누었다.

각각의 포지션마다 장단점이 있으므로 뭐가 더 좋다고 말할 수는 없다. 하지만 본인이 고른 종목이 어떤 포지션에 해당하는지에 따라서 매수와 매도 시점이 정해지기 때문에 종목을 고를 때 투자 기간에 따른 포지셔닝은 꼭 고려해야 한다.

1 | 초단기 포지셔닝(Feat. 단타)

가장 먼저 초단기 포지셔닝이다. 우리가 흔히 아는(혹은 했던) 매매법으로, 실시간 수급이나 뉴스 등을 보고 접근한다. 보통 하루를 넘기지 않거나 빠르면 초 단위로 매매하는 포지셔닝으로 '단타'라고 많이 이야기한다.

우선 단타의 장점은 뭐니 뭐니 해도 '재미'다. 필자도 한때 단타의 늪에 빠져 있었지만, 세상 쓴맛 다 보고 그만두기도 했다. 흔히 어른들이 말하는 "주식 하면 망한다."의 표본이 단타가 아닐까 싶다. 물론 단타 매매만 해서 돈을 버는 사람들이 있어 약간 조심스럽지만, 단타를 주 투자 수단으로 고민하는 친구들에게 항상 하는 말이 있다.

> "음, 단타로 돈 벌 수 있지. 근데 우린 아니야."

한번은 진지하게 단타에 대해 고찰(?)한 적이 있다. 투자라는 것이 '복리' 때문에 하는 것인데, '단타를 잘할 수만 있다면 복리가 매일 일어나는 거니까 정말 큰 장점이 되지 않을까? 욕심 없이 100만 원으로 시작해서 더도 말고 덜도 말고 하루에 딱 1%씩만 수익을 내도 1년이면 1천만 원이 되고, 5년이면 1,500억 원이 되는데? 매일 수익을 내진 못해도 1년에 5배 정도의 수익을 낼 수 있진 않을까?'라는 망상을 거쳐 어느 순간 '할 수 있겠다'는 오만에 다다랐다.

물론 정확히 7일 차에 실패했다. 300만 원의 투자금으로 시작해 매일 실현 손익 3만 원을 목표로 새벽에 일어나 뉴스를 검색하고 그날 트레이드할 종목들을 관심종목란에 넣어뒀다. 목표했던 3만 원에 도달하면 그날 매매는 멈추고 다음 날 매매를 준비하는 식으로 말이다. 그렇게 6일 차 되던 날까지는 꼬박꼬박 수익을 냈지만, 7일 차 되던 날 큰 손실이 나더니 8일 차, 9일 차부터는 원금조차 없어지기 시작했다. 벌 때는 3만 원씩 벌면서 잃을 때는 20만 원씩 잃어대니 수지타산이 맞을 리가 없었다. 어찌 됐든 그 뒤로 필자는 단타를 하지 않으며, 주식 투자를 처음 시작하는 사람들에게도 절대 추천하지 않는 포지셔닝이다.

2 | 단기 포지셔닝(Feat. 스윙)

단기 포지셔닝은 앞서 설명한 초단기보다는 조금 더 기간을 길게 가져가는 포지션을 말한다. 흔히 '스윙'이라고 이야기하며, 특정 사건이나 이슈 혹은 실적 발표를 앞두고 실적이 좋을 것이라고 예상되는 기업을 매수해서 실적 발표 후 바로 매도하는 매매법을 말한다. 예를 들어 반도체 공급 부족 이슈 때문에 반도체 생산 기업의 수혜를 예상해 매수하거나, A기업과 B기업이 큰 규모의 소송 전쟁을 하고 있는데 특정 기업의 승소를 예상해 매수하는 것이 스윙 매매다.

스윙의 범위는 정말 무궁무진해서 일일이 나열할 수는 없지만 아마 대부분 투자자가 하는 매매가 아닌가 싶다. 단타도 아니고 그렇다고 장기 투자도 아닌, 그 사이 어딘가에 있는 것이 스윙 매매라고 보면 될 것 같다.

스윙 매매는 보통 뉴스를 보면서 종목을 매수한다. 따라서 매일, 심지어는 실시간으로 올라오는 속보 등을 빠르게 접하는 사람이 유리하기 때문에 직장인보다는 비교적 자유 시간이 많은 대학생에게 유용한 매매법이라고 볼 수 있다. 필자 역시 한창 스윙 매매를 즐겨 했을 때는 장이 열리기 전 조간 뉴스를 챙겨보고, 저녁에는 그날 있었던 뉴스를 꼼꼼히 살펴봤다. 그렇게 얻은 정보들을 분석해 매수를 준비하는 것이 스윙 매매의 핵심이다.

그렇다면 여기서 "뉴스에 나온 정보면 이미 모든 사람이 아는 정보인데 그 정보로 돈을 벌 수가 있을까?"라는 의문이 들 것이다. 앞에서 이미 설명했듯이, 시장이 효율적이라면 이미 공개된 정보는 주가에 반영되어 있기 때문에 초과 수익을 내지 못하는 것이 맞기 때문이다.

결론부터 이야기하자면 가능하다. 흔한 20대 대학생일 뿐인 필자도, 심지어 남들도 다 아는 네이버 뉴스를 통해 정보를 습득했지만 스윙 매매를 통해 꽤 괜찮은 이익을 얻었기 때문이다. 뉴스를 보는 시각을 조금만 바꾸면 된다. 그렇다면 필자는 어떤 뉴스를 통해 어떤 종목을 스윙 매매했는지 한 번 알아보도록 하자.

앤츠의 스윙 매매로 수익 내기

필자가 가장 최근에 스윙으로 큰 이익을 얻은 것은 '넷마블'이다 (넷마블 이후로는 필자가 추구하는 투자와는 거리가 있는 투자법 같아 스윙 매매는 하지 않고 있다). 넷마블은 2020년 5월 28일 자 "BTS 소속사 빅히트 상장 절차 돌입"이라는 뉴스를 보고 매수를 처음 고민하게 되었다.

사실 당시 많은 개인 투자자들도 빅히트의 상장 이슈를 알고 있었을 것이다. 워낙에 주목받는 기업이기도 했고, 상장하기 전인 2020년 1월부터 상장 절차에 돌입한다는 뉴스가 나왔기 때문이다. 아마 대부분은 빅히트 상장 뉴스를 처음 접하고는 그냥 넘어갔을 확률이 높다. 그렇다면 필자는 왜 빅히트가 상장하는데 뜬금없이 넷마블을 매수했을까? 필자의 시각으로 천천히 살펴보도록 하자.

필자는 스윙 매매를 준비할 때 크게 두 단계를 거친다. 첫 번째는 재료(뉴스) 수집, 두 번째는 매수와 매도 시점 정해놓기다. 필자는 5월 28일 해당 뉴스가 뜬 것을 보고 상장 신청이 확정되자 바쁘게 빅히트를 파헤치기 시작했다. 시장에서 이렇게 큰 뉴스(재료)를 놓칠 리 없기 때문이다. 가장 먼저 본 것은 빅히트의 재무제표와 뉴스들이다. 빅히트가 방탄소년단(BTS) 외에 어떠한 비즈니스로 돈을 벌고 있는지, 향후 어떤 그림을 그리고 있는지, 회사의 재무구조는 탄탄한지 등을 파악하기 위해서다. 그렇게 발품을 팔아가며 빅히트의 재무제표를 보던 중 넷마블이 빅히트 상장의 최대 수혜사라는 것을 찾아냈다. 넷마블이 빅히트의 2대 주주이기 때문에 빅히트가 상장하면 지분가치 재평가로 인한 반사이익을 누릴 것으로 판단했기 때문이다. 여기까지가 첫 번째 단계인 재료 수집이다.

이렇게 보자면 필자는 5월 29일에 '넷마블'을 매수했어야 했다. 하지만 필자는 7월 2일부터 조금씩 넷마블을 매수하기 시작했다. 기사가 난 다음 날 분명히 상한가를 갈 거라고 예상했던 넷마블이 오히려 음봉(하락) 패턴을 보였기 때문이다. 내가 정보를 잘못 찾았을 수도 있고 다른 이유가 있을 수도 있었다. 그래서 매수를 보류하고 상장에 대해 더 알아보기 시작했다. 그 결과 상장 신청을 하면 '영업일 기준 45일 이내'에 예비심사 승인의 허가가 난다는 것을 알았다. 즉 7월 30일까지 예비심사 승인이 나기 때문에 그전까지는 리스크를 안고 박스권에서 매수할 필요는 없다고 판단했다. 그렇게 7월 30일을 디데이(D-day)로 적어놓고 넷마블의 매수 시점을 기다렸다.

두 번째 단계는 '매수와 매도 시점 정해놓기'다. 내가 생각하는 넷마블의 매수 시점은 본격적인 상승이 시작될 때였다. 매도 시점은 재료가 소멸하는 날로 잡았다. 따라서 넷마블이 박스권을 돌파한 다음 날인 7월 2일에 매수를 했다. 1차 매도 시점은 7월 30일(이었지만 추가서류 제출 요청으로 예비심사 승인이 8월 10일로 미루어졌다), 2차 매도 시점은 빅히트의 상장날이었다.

비록 1차 매도 시점과 2차 매도 시점이 넷마블의 최고점 양쪽

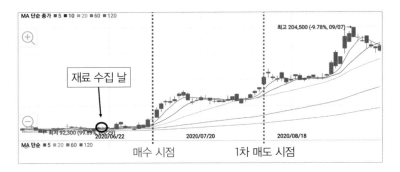

어깨에서 이루어졌지만, 그럼에도 3달이라는 짧은 투자 기간에 40% 정도의 수익을 올릴 수 있었다.

이처럼 스윙 매매를 할 때는 매수 시점과 매도 시점이 꼭 앞에 말한 기술적 분석의 매매 시점과 일치하지는 않는다. 그러니 매수 시점은 본인이 이 기업을 어떤 이슈(재료) 때문에 샀는지, 해당 재료가 소멸되기까지 어느 정도의 기간이 남았는지 등을 고려하며 결정한다.

매도는 보통 해당 이슈가 본격적으로 시장의 관심을 받을 때나 재료가 소멸될 때 진행한다. 만약 본인이 반도체 공급 부족 이슈로 반도체 생산 기업을 매수했다면, 공급 우려가 해소될 때쯤 매도하면 된다. 아직 본인이 생각한 이슈가 오지 않았는데 +5%가 되었다고 팔아버리면, 더 큰 이익을 얻을 기회를 놓칠 수도 있다. 다만 그 반대의 경우가 더욱 많으니 스윙이나 단타 포지셔닝으로 종목을 접근했다면, 손절 구간을 확실히 정해서 대응하는 것이 좋다. 또한 본인이 생각한 이슈가 이미 실시간 검색어에 올랐거나 이미 큰 폭으로 상승 중이라면 깔끔하게 포기하도록 하자. '실시간 검색어'나 '조회수 급등종목'에 올라온 것은 경험상 재료가 소멸되었다고 알리는 알림판이다.

정리하자면 스윙 매매를 할 때는 다음과 같은 원칙을 철저히 지키는 것이 좋다.

스윙 매매의 원칙

❶ 내가 준비하지 않은 종목은 들어가지 말자. (왜 오르고 떨어지는지 모르면 매수하지 마라.)

❷ 손절 라인을 확실히 지켜라. (이슈를 선점했다고 생각했어도 일정 금액 이상 떨어지면 선점한 것은 아니다.)

❸ 실시간 검색어에 오르는 종목은 '뉴스'가 아니다. 실시간 검색어를 재료가 소멸되었다고 알리는 알림판이라고 생각해도 된다.

❹ 매도 시점은 매수하는 시점에서 생각하고 원칙을 지켜라.

재밌지만 신중해야 할 스윙

어찌 됐든 스윙의 장점 역시 단타와 마찬가지로 빠른 회전율로 단기간에 큰 이익을 얻을 수 있다는 점과 무엇보다도 재미 있다는 것이다. 내가 예상한 이슈로 이익을 얻게 되면 마치 내가 시장을 예측한 것과 같은 우월감과 더불어 계좌가 눈에 보이는 속도로 커지기 때문이다. 또한 매일 실시간으로 갱신되는 뉴스를 보다 보면 어느 순간 다양한 시사 상식까지 얻게 되니 대학생으로서는 일석이조가 아닐 수 없다(과장 조금 섞자면, 스윙 매매 한 달이면 벨라루스 대통령의 여동생 이름까지 알게 된다).

하지만 본인이 이슈를 잘못 예측하거나 남들보다 늦게 매수를 한 경우 그만큼 손해를 볼 수도 있는 리스크가 존재한다. 특히 주식을 처음 시작하는 경우, 주변에서 스윙 매매의 유혹에 휩싸이게 되는데 잘 알아보고 투자해야 한다. 필자가 처음 주식을 시작하고 들어갔던 리딩방에서 로봇 관련주로 매수한 기업이 알고 보니 로봇청소기 회사였던 것처럼 큰 낭패를 볼 수도 있기 때문이다. 그 외에도 트럼프 관련주라고 했던 기업이 회장이 트럼프와 같은 학교를 나왔다거나, 코로나19 관련주라고 했던 기업이 동물 의약품을 판매하는 기업인 경우도 심심찮게 봤다.

장기적으로 봤을 때 실적이 아닌 특정 재료로 급등한 종목은 다시 떨어지기 때문에 투자의 관점에서 스윙 매매를 하는 건 좋지만, 본인의 투자금 중 일정 비율을 정해서 원칙을 세워놓고 하기를 추천한다.

3 | 중장기 포지셔닝(Feat. 가치 투자)

다음은 필자가 가장 좋아하는 중장기 포지셔닝이다(실제 필자의 포트폴리오도 거의 중장기 포지셔닝으로만 구성되어 있다). 사실 지금 말하는 중장기 포지셔닝과 장기 포지셔닝을 투자 기간으로 구분 짓기가 모호하지만, 편의상 장기 포지셔닝은 '배당 투자'로, 중장기 포지셔닝은 '가치 투자'로 구분했다(배당 투자도 가치 투자의 한 종류이지만 편의상 나눠서 설명하겠다).

가치 투자는 사실 수많은 투자의 대가들이 항상 강조했던 투자법이다. 이 책에서 필자가 전달하고자 하는 바도 사실 궁극적으로는 이 가치 투자에 대한 중요성과 방법론이라고 말할 수 있다. 따라서 지금부터 하는 중장기 포지셔닝은 이 책에서 가장 중요한 부분이면서, 필자의 투자 가치관과 방법론이 모두 함축된 내용이라고 볼 수 있다. 전설적인 펀드매니저인 피터 린치, 워런 버핏, 국내에서는 존 리 대표 등 투자를 통해 큰 부호가 된 사람들 모두 가치 투자를 기본으로 한다.

과연 가치 투자는 뭘까?

가치 투자는 말 그대로 기업(혹은 산업)의 가치에 투자하는 것이다. 가격(주가)은 매일 5% 내외의 변동 폭을 보여주며 정신없게 바뀌지만, 사실 기업의 가치는 하루 만에 움직이지 않는다. 제대로 된 투자를 시작하기 위해서는 가격과 가치의 차이를 정확히 인지해야 한다.

가격(Price)은 '현재' 기업이 시장에서 평가받고 있는 금액이다. 즉 상장 주식의 경우 우리가 매일 마주하고 있는 주가가 기업의 가격이라고 볼 수 있다. 반면에 기업의 가치(Value)는 기업의 과

거와 현재, 미래까지 모두 포함된 단어다. 현재 기업이 돈을 잘 벌고 있어도 과거의 행실 때문에 투자자에게 외면을 받았거나, 미래 현금흐름(Cash flow)이 불안정하다면 해당 기업의 가치는 현재 기업의 현금흐름에 비해 낮게 측정된다. 즉 기업의 가치는 기업의 가격보다 훨씬 더 복합적인 개념이면서 투자자가 기업을 선택할 때 끊임없이 고려해야 할 항목이다.

기업 가치는 단기간에 변하지 않으면서 기업의 가치가 시장에서 인정받는 기간 또한 얼마의 시간이 걸릴지 아무도 모른다. 즉 가치 투자는 '기다림과 인내의 시간'을 견뎌 마침내 열매를 수확하는, 어찌 보면 농사와도 같은 투자법이라고도 볼 수 있다. 하지만 앞서 말했듯 기업의 가치라는 것은 너무나 주관적이고 정확한 값으로 산출할 수 없다는 것이 문제다. 기업의 가치를 평가하는 것, 즉 밸류에이션 기법이야 여러 가지가 있지만, 결국에는 밸류에이션을 수행하는 당사자의 주관이 들어간다는 점(그것도 잔뜩)에서 객관적 값이라고 볼 수 없다.

그럼에도 불구하고 우리는 기업의 가치를 산출하기 위해 많은 시간을 쏟아야 한다. 가치라는 것이 주관적이라 할지라도, 나만의 기준값이 되어 포트폴리오 운용에 효율성을 더해주기 때문이다. 시장이 상승 국면에 있으면 아무리 전문가라고 할지라도 기업의 적정 주가를 객관적으로 바라보지 못하고 실제 가치 대비 낙관적으로 바라본다. 그 후 하락장이 시작되면 마치 기업에 큰 문제가 있는 것처럼 매도 의견을 제시하고 목표 주가를 하향한다. 개인 투자자들은 이에 혼란이 오고, 하락장이 시작되면 마치 시장이 붕괴하는 양 패닉셀을 하게 된다. 하지만 이때 명확한 기업 가치가 산정되어 있다면 오히려 패닉셀*을 이용해 물량을 모으고 돌아오는 상승장에서 큰 수익을 누릴 수 있다.

기업의 가치는 크게 세 가지로 구분된다. 첫 번째는 수익 가치, 두 번째는 자산 가치, 마지막은 성장 가치이다. 따라서 가치 투자라고 하면 기업의 주가가 위 세 가치에 비해 저평가된 기업에 투자하는 것을 말한다.

'수익 가치'는 기업이 벌어드리는 수익에 비해 주가가 저평가된 기업으로 PER(Price Earing Ratio)를 보고 판단한다. 동종 산업 대비 수익이 많이 남에도 불구하고 낮은 주가로 평가받는 기업에 투자함으로써 수익 가치를 기준으로 가치 투자를 할 수 있다. 대표적인 예시로는 지주회사**가 있다. 지주회사는 다른 기업들의 주식을 사들여 경영권을 확보하고, 지분으로부터 오는 수입(배당 등)으로 이익을 낸다.

하지만 애널리스트들이 특정 기업을 밸류에이션할 때, 지분 수익은 별다른 이유 없이 할인(Discount)해 산정하는 경우가 많다. 이런 경우에는 그 회사가 실제로 버는 돈에 비해 애널리스트의

가치 산정이 저평가되어 있다는 뜻이고, 실제로 주가 역시 그에 맞춰 형성되어 있는 경우가 다반사다. 그럼에도 기업의 주가는 결국 그 기업이 벌어들이는 수익 가치에 수렴하게 되어 있다. 애널리스트들이 산정한 그 회사의 수익보다 매년 더 벌어들이는 기업들은 점차 사내에 유보금이 쌓일 것이고, 이를 통해 신사업 확장이나 배당 정책을 확대함으로써 주가는 상승하게 되어 있다.

다음으로는 '자산 가치'다. 자산 가치란 회사가 보유하고 있는 부동산, 유가증권(주식) 등을 의미한다. 흔히 전통적인 가치 투자는 자산 가치 대비 주가가 낮은 기업에 투자하는 경우가 가장 많다. 자산 가치 대비 저평가된 기업은 PBR(Price Book-value Ratio)을 통해 파악한다. 저PBR 종목 역시 지주회사나 ○○홀딩스와 같이 타 회사의 지분을 보유함으로써 사업을 영위하는 회사에서 많이 나타난다. 이유는 위와 마찬가지로 타 회사의 지분 수익이 충분히 주가에 반영되지 못하기 때문이다. 우리는 이처럼 수익 가치 혹은 자산 가치가 저평가된 기업에 가치 투자를 함으로써 수익을 낼 수 있다.

우리가 가치 투자를 어려워하는 이유는 뭘까?

하지만 이 과정에서 가장 큰 난관이 존재한다. 그건 바로 '내 옆에서 주식 하는 친구'다. 분명 투자는 농사와도 같은 것이라는 마음으로 모를 심고 내년 수확 시기를 기다리고 있는데, 옆집 논에서는 하루 만에 쌀이 후드득 터져 나오니 미치고 팔짝 뛸 노릇이다.

특히 최근과 같이 성장주가 대세인 시장에서 나 홀로 가치주(저PER, 저PBR)에 뚝심 있게 투자한다는 것은 생각보다 훨씬 어려운 일이다. 성장주와 가치주는 어느 정도 역의 관계에 있기 때문에 (이는 뒤에서 다시 자세히 설명하도록 하겠다), 남들이 "카카오로 얼마 벌었다." "주식 투자로 누군 집을 샀고 누군 퇴사를 했다."라는 이야기를 할 때 내 종목의 주가는 지렁이가 꿈틀거리는 것처럼 움직인다. 이때 내 종목을 믿고 꾸준히 가치 투자를 이어나가기는 정말 도를 닦는 것과 같은 노력이 필요하다.

필자는 지금이야말로 가치 투자를 해야 하는 최적의 시기라고 생각한다. 이제 곧 뚝심 있게 가치 투자를 한 사람들이 주식(성장주)으로 돈 벌어 퇴사한 친구가 씁쓸하게 다시 회사에 돌아올 때, "이젠 내 차례네. 잘 있어."라는 한 마디와 함께 퇴사할 시기가 돌아올 것이다. 실제로 필자의 포트폴리오도 성장주의 비중을 줄이고 가치주의 비중을 높여가는 리밸런싱 과정을 얼마 전에 진행했다. 자세한 이유는 뒤에서 다루도록 하겠다.

여기서 중요한 것은 가치 투자를 할 시 밸류 트랩(Value trap)에 빠지면 안 된다는 것이다. 밸류 트랩은 "가치가 덫에 걸렸다."라는 의미로 저PER, 저PBR 기업에 투자했는데 주가가 오르지 않는 현상을 말한다. 즉 기업의 주식이 싼 이유가 시장의 소외를 받아 저평가된 것이 아니고, 실적 부진이나 산업 쇠퇴로 인한 할인(Discount)을 받는 가격일 수 있다는 것이다. PBR을 설명할 때도 이야기했지만 주가가 자산 가치보다 아무리 낮다 한들, 산업이 쇠퇴하고 있고 기업이 돈을 못 벌고 있다면 투자자 입장에서는 이 기업에 투자해야 할 이유가 없다. 따라서 이 기업의 주식에 투자하는 투자자가 점점 없어지고 그 결과 주가가 오르지 못하는 현상이 발생하게 되는 것이다.

하지만 내 종목이 오르지 못하는 이유가 정말 밸류 트랩 때문인지, 아니면 아직 시장이 가치를 알아봐주지 못한 것인지를 파악하기란 쉽지 않다. 가치 투자가 어려운 가장 큰 이유다. 이를 제대로 파악하기 위해서는 산업에 관한 공부와 기업에 대한 이해가 확실히 뒷받침되어 있어야 한다. 사실 말은 이렇게 하지만, 필자 역시 투자하면서 '내가 혹시 밸류 트랩에 빠진 것은 아닌가?'와 같은 질문을 끊임없이 던지고 검증한다. 아마 우리가 주식을 하는 한 계속해서 당면하는(혹은 해야 하는) 문제가 아닌가 싶다.

방금 살펴본 수익 가치와 자산 가치는 눈에 보이는 정보들을 토대로 유추할 수 있다. 재무제표를 통해 이 회사의 직전 분기 순이익이 얼마였고, 자산 가치(Book-value)는 얼마인지를 파악할 수 있기 때문이다. 반면에 마지막 '성장 가치'는 세 개의 가치 중 가장 파악하기 까다로운 가치다. 물론 CAGR(연평균성장률)을 토대로 PEGR을 산정하는 식으로 성장 속도를 파악할 수 있지만, 이러한 성장 속도가 얼마나 지속할지는 알 수가 없기 때문이다.

현재 우리가 유망하다고 생각하는 기업들이 분명 다른 기업에 비해 성장 가치가 높은 건 부정할 수 없다. 하지만 중요한 것은 '지금 가격 대비 저평가되어 있느냐.'를 판단할 수 있냐는 문제가 생긴다. 성장이 얼마나 빠른 속도로 얼마나 유지될 것인가에 따라 무수히 많은 적정가치가 추론될 수 있기 때문이다. 만약 현재 100억 원을 버는 회사가 향후 2천억 원을 벌 것이 확실하다고 하더라도, 10년 뒤 2천억 원을 달성할 것인지, 2년 뒤 2천억 원을 달성할 것인지에 따라 적정 주가는 큰 차이가 나는데 우리로서는 도저히 이를 추론할 수가 없다.

어떤 기업의 성장성에 투자할까?

그렇다면 우리는 기업의 성장 가치를 알 수가 없는데 도대체 어떤 기업의 성장성에 투자해야 할까? 이에 대한 필자의 답은 크게 두 가지다.

❶ 좋아하는 기업(관심 있는 산업에 속해 있는 기업)에 투자하라.
❷ 돈을 잘 버는 기업에 투자하라.

이러한 대답은 "만약 내가 일평생 단 하나의 기업에만 투자해야 한다면 어느 기업에 투자할 것인가?"라는 질문에 대한 답을 며칠 밤을 고민하다가 생각난 답이기도 하다. "내가 평생 함께할 동반자를 고를 수 있다면(이성은 사실 고르긴커녕 한 명이라도 결혼해준다면 감사하지만, 주식은 무려 수천 개의 선택지가 있다), 어떤 기준으로 고를 것인가?"라는 질문으로 바꿔본다면 의외로 간단하게 답이 나온다.

첫 번째로는 내가 좋아하는 사람과 결혼을 하는 것이다. 물론 결혼 생활을 하다 보면 처음의 설렘과 좋아하는 마음이 점점 없어지고 나중에는 배우자가 꼴도 보기 싫어지는 상황까지 간다지만(아직 결혼을 안 해봐서 경험해보진 않았지만 일반적으로 그렇다더라), 그래도 좋아하는 사람과 결혼을 해야 그렇지 않은 경우보다 긴 시간 결혼 생활을 유지할 수 있을 거로 생각한다. 가치 투자도 마찬가지다. 가치 투자의 기본이 장기 투자이기 때문에, 지속해서 이 기업(혹은 산업)이 내가 그려놓은 방향대로 가는지, 특별한 이슈가 없는지 등을 팔로우업(Follow up) 해줘야 한다.

하지만 별로 애정이 없는 기업(산업)의 이슈를 꾸준히 찾아보는 것은 생각보다 쉽지 않다. 즉 우선 본인의 관심 기업에 투자하는 것이 장기 투자를 꾸준히 유지할 수 있게 하는 데 큰 도움이 된다. 현재 취업을 준비하는 대학생, 혹은 이직을 준비하는 사람이라면 본인이 가고 싶은 기업이 속해 있는 산업에 투자하거나, 현직자의 경우 본인이 속해 있는 산업에 투자하는 것도 매우 좋은 방법이다. 앞서 말한 스윙 매매를 할 때는 어차피 오래 투자할 것이 아니기 때문에 단순히 이슈나 실적만으로 접근해도 된다고 하지만, 제대로 된 가치 투자를 하기 위해서는 당연히 해당 기업뿐 아니라 해당 기업의 산업까지 정확히 알고 있어야 한다. 따라서 취준생이라면 관심 기업에 투자하면서 돈도 벌고 면접 준비도 할 수 있는 일석이조의 투자법이며, 현직자의 경우 다른 투자자에 비해 산업 이해도와 정보 습득 면에서 우위에 있어 유리한 투자법이라고 볼 수 있다.

두 번째 원칙은 '돈을 잘 버는 기업에 투자하라'다. 너무 당연한 이야기 같지만, 놀랍게도 우리의 포트폴리오에서 실제로 돈을 잘 벌고 있는 기업은 그리 많지 않을 수도 있다. 여기서 말하는 '돈을 잘 번다'라는 의미는 실제로 기업에 현금 유입이 많이 들어오고 있는 기업을 말한다. 기업의 주가를 결정하는 가장 큰 요인이 '돈을 잘 버는가'인 것을 모두가 알지만, 정작 많은 개인 투자자들이 기업의 현금 창출 능력보다는 '주가의 모멘텀*과 이슈'에만 집중하는 경향이 있다.

물론 주가의 이슈가 있으면 그 기업의 주가는 역동적으로 움직이고, 그에 따라 훨씬 더 많은 초과 수익을 창출할 기회가 있는 것은 사실이다. 하지만 서프라이즈한 이슈는 말 그대로 '서프라이즈'이기 때문에 이를 기대하는 것은 로또에 당첨되기를 기대하는 것과 다르지 않다. 서프라이즈한 이슈가 아니라면 내가 예상한 대로 기업의 주가가 오를 수도 있지만, 그 반대의 경우가 될 확률도 매우 높다는 것을 알아야 한다. 주가 모멘텀이나 이슈는 단기적으로는 기업의 주가가 크게 오를 순 있어도 그에 맞는 현금 창출 능력이 없다면 다시 원래의 주가로 돌아오게 되어 있다. 따라서 가치 투자를 하기 위해서는 기업의 현금 창출 능력이 안정적

---

* **모멘텀**: 물질의 운동량이나 가속도를 의미하는 용어. 주식 투자에서는 흔히 주가 추세의 가속도를 측정하는 지표로 쓰인다.

앤츠의 꿀팁: 산업 분석하기

보통 초보자들이 주식을 할 때 간과하는 것이 하나 있다. 바로 산업 분석이다. 물론 내가 투자하는 기업이 산업과 별개로 독보적인 수익을 낸다면 상관없겠지만, 그런 경우는 제로(0)에 가깝다. 보통의 경우 산업의 미래가 어둡다면 그 기업이 아무리 마진율이 높다고 하더라도, 결국 주가는 내려갈 수밖에 없다. 하지만 산업 분석을 어디서, 어떻게 해야 할지 도저히 감이 안 올 것이다. 그래서 필자가 초보자도 쉽게 산업 분석을 할 수 있는 방법을 몇 가지 소개하려고 한다.

❶ 애널리스트 산업 분석 리포트

첫 번째 방법은 애널리스트의 산업 분석 리포트를 보는 것이다. 흔히 애널리스트 리포트는 특정 기업에 관한 것이 많지만, 특정 산업만 전문적으로 커버하는 애널리스트도 여럿 있다. 우리가 아무리 여기저기서 정보를 찾고 공부를 한다고 해도 한 개의 산업만 10년씩 커버를 하고 있는 애널리스트에 미치지는 못한다. 따라서 전문가의 의견을 참고해 산업 방향성을 잡는 것도 매우 좋은 방법 중 하나다. 애널리스트 리포트는 한경컨센서스(consensus.hankyung.com)에 들어가면 쉽게 찾을 수 있다.

한경 컨센서스 '산업'란에 들어가 기간을 설정한 후 원하는 산업을 검색하면, 해당 산업에 대한 애널리스트 리포트가 나온

● 한경컨센서스

다. 이 산업에서는 어떠한 지표가 중요한지, 어떠한 이슈와 환경에 놓여 있는지, 해당 산업 내에서 개인적으로 생각하는 톱픽(Top pick)이 무엇인지 등 자세하게 나와 있으니 해당 자료를 참고하는 것이 매우 도움이 된다.

필자 역시 기업을 고르기 전, 산업에 대한 리포트를 꼼꼼히 읽고 대내외 환경을 꼭 체크해둔다. 이 산업에 리스크가 무엇인지를 알아야 대응할 수 있기 때문이다. 필자는 투자하고 있는 기업이 속한 산업이 아니더라도, 관심 산업이나 2차전지와 같이 유망한 산업에 대한 최신 리포트는 프린트해서 언제든 읽을 수 있게 가지고 다닌다.

❷ 직접 서치하기

두 번째 방법은 직접 산업에 대한 자료를 수집하는 것이다. 내가 투자하고자 하는 산업이 아직 신생 산업이면 애널리스트 리포트가 없는 경우도 종종 있다. 또한 애널리스트 리포트는 핵심만 요약해놓은 자료이기 때문에, 내가 알고 싶어 하는 부분이 정확할 때는 직접 찾아 공부하는 것이 더욱 효과적인 경우가 많다.

요즘 이슈가 뜨거운 2차전지를 예로 들어보자. 2차전지 산업 분석 리포트에서는 현재 경쟁 중인 2차전지 기업과 2차전지의 유형에 대한 설명이 주를 이룬다. 하지만 내가 궁금한 것은 2차전지가 '전고체 배터리(차세대 2차전지)'라는 새로운 기술이 개발되었을 때 어떠한 파장이 오는지, 현재 2차전지 사업을 영위하고 있는 기업에는 어떠한 리스크로 작용하는지였다. 이를 알고 싶다면 직접 전고체 배터리에 대한 공부 자료를

⬤ 구글 키워드 서치

수집해야 한다. 이럴 때 사용하는 것이 '구글 키워드 서치'다. 구글에서 '전고체 배터리 원리 PDF'라는 키워드 검색한 결과를 보자. 이처럼 필자는 구글에 서치할 때 검색어 뒤에 'PDF'라는 키워드를 붙여 자료를 찾는다. 보통 PDF 파일로 올라와 있는 자료는 공신력 있는 연구 기관에서 발표한 자료가 많아 일반 블로그, 기사에 있는 자료들보다 훨씬 객관적이고 자세한 정보들이 담겨 있기 때문이다. 이처럼 전고체 배터리가 어떠한 원리로 작동되고 이에 필요한 소재는 무엇인지를 공부하고 나니, 2차전지 시장을 좀 더 세분화해 판단할 수 있게 되었다.

이렇게 직접 서치하기도 하고 애널리스트 리포트를 읽어가며 지식을 쌓아놓으면, 좀 더 유망한 기업에 긴 시간 근거 있는 확신을 두고 투자할 수 있게 된다.

인지가 무엇보다 중요하다고 볼 수 있다. 앞에서 스윙 매매에 대해 이야기를 했지만, 현재 필자가 스윙 매매를 하지 않고 있는 것도 이러한 이유가 크다.

여기서 필자가 말하고 싶은 부분은 무조건 '돈을 잘 벌고 있는 기업을 사라'는 이야기는 아니다. 적어도 가치 투자라고 말하려면, 본인이 투자하고 있는 기업의 현금 창출 능력과 산업의 방향을 재점검하면서 '내가 이 기업의 미래를 너무 낙관적으로 그리고 있지는 않은지'를 확인해야 한다는 것이다.

앞서 말했듯 한창 성장하는 성장주 같은 경우에는 투자 지출이 버는 돈보다 크기 때문에 현금 유입보다 현금 유출이 큰 경우가 대다수다. 그만큼 미래의 현금 유입이 배가 되어 돌아올 것이라는 기대를 가지고 투자하는 것이 결코 나쁘다고 볼 수는 없다. 실제로 필자의 포트폴리오에도 현금 유입보다 유출이 많은 성장주가 꽤 큰 비중을 차지하고 있다.

하지만 기업이 투자를 많이 한다고 해서 그 투자금이 다시 미래의 현금흐름으로 돌아올 것이라는 보장은 없다는 것을 알아야 한다. 만약 본인이 투자하는 기업의 비즈니스 모델이나 상황을 정확히 파악할 수 없다면, 불확실한 미래에 투자하는 것보다 현재 돈을 잘 벌고 있는 기업에 투자하는 것이 현명할 수 있다. 또한 본인이 투자하는 기업과 산업에 성장 확신이 있다고 하더라도, 음의 현금흐름*인 성장주에 투자한다는 것은 본인의 투자에 리스크가 높다는 것을 항상 인지하고 있어야 한다.

만약 본인이 가치 투자 포트폴리오에 성장주(성장 가치에 집중한)를 편입했다면, 상대적으로 안전한 가치주(저PER, 저PBR)를 함께 편입하는 것이 중장기 수익뿐 아니라 멘탈 관리 차원에서도 좋다. 이는 포트폴리오를 어떻게 짤 것인가에 대한 내용이기도 하

---

* **음의 현금흐름(Negative Cash flow):** 현금 유출이 현금 유입보다 큰 기업.

며, 중장기 투자는 다른 어떤 투자법보다도 안정적인 포트폴리오가 중요하기 때문에 강조되는 부분이기도 하다. 만약 본인이 하이 리스크에 투자하고 싶지 않다고 한다면 불확실한 미래 수입보다는 현재 재무제표상 현금흐름이 안정적으로 창출되는 기업에 투자하는 것이 맞다.

본인의 종목이 돈을 벌고 있는지를 확인하기 위해서는 현금흐름표 항목에 영업활동현금흐름과 FCF(Free Cash Flow)가 플러스인지, 경쟁 기업 대비 얼마나 많은 현금을 창출하고 있는지를 따져보자.

본인이 위의 사항들을 모두 잘 체크해 종목을 골랐다면, 가치 투자에 있어서 사실 매수와 매도 시점에는 별 의미가 없다. 어차피 장기적으로 보면 1% 비싸게 사거나 1% 싸게 팔았다고 해서 큰 지장은 없기 때문이다. 다만 본인이 가치 투자를 하다가도 더

앤츠의 꿀팁

안정적인 현금흐름을 가진 업종은 보통 코카콜라, P&G(다우니와 질레트 등을 판매하는 회사)와 같은 소비재 기업이나 미국의 존슨앤존슨과 같은 초대형 제약주(보통 제약주는 임상 결과에 따라 기업 가치가 크게 변동되어 하이 리스크 업종으로 분류되지만, J&J와 같은 초대형 제약주는 임상에 통과한 기술을 가진 회사를 매입하거나 판매권을 사와버린다) 등이 있다.

욱 관심 있는 기업이 나타나거나 더 좋아 보이는 기업이 있으면 전량 매도 후 갈아타는 것도 좋은 방법이다.

4 | 장기 포지셔닝(Feat. 배당 투자)

마지막 포지셔닝은 장기 포지셔닝이다. 앞서 말한 가치 투자도 기본적으로 장기 투자를 말하는 것이지만, 여기서 말하는 장기 포지셔닝은 배당 투자를 의미한다. 앞에서도 언급했지만, 주식 으로 돈을 버는 방법은 크게 배당소득과 양도소득(시세 차익)의 두 가지다. 지금까지는 어떤 기업을 사야 시세 차익을 많이 남길 수 있을까를 중점적으로 바라본 관점이었다면, 배당 투자는 "어떤 기업을 사야 배당소득을 많이 남길 수 있을까?"가 주된 투자 포인 트다.

보통 배당 투자는 다른 투자들과 다르게 매일 주식 앱을 들여 다보지 않고 적금처럼 천천히 회사의 주식을 모아가는 식이다. 따라서 직장을 다니거나 공부, 취업 준비 등의 이유로 주식에 시 간을 많이 할애하지 못하는 사람들에게 적합한 투자 방법이다. 본인이 주식을 시작하면서 스트레스나 피로도가 많이 쌓인다고 생각된다면, 배당 투자가 본인에게 더욱 적합한 투자법일 수도 있다. 최근 2030세대가 주가 되어 '배당으로 월급받기'라는 목표 를 가지고 매달 '삼성전자 우선주'를 모으는 투자법이 유행하고 있는 것도 이러한 배당주의 장점 때문이 아닌가 싶다.

배당 투자를 설명하기 전에 우선 배당에 대해 알아보자. 배당은 주주에게 기업의 이윤을 분배하는 것으로, 은행에 돈을 맡기면 이자를 주듯이 회사에 투자하면 회사가 주주에게 이익을 돌려주는 것으로 생각하면 쉽다. 많은 사람들이 배당을 현금으로 주는 현금 배당만 있다고 생각하지만 사실 기업이 주주에게 배당을 주는 방법은 여러 가지가 있다.

❶ 현금 배당

현금 배당은 가장 흔한 배당의 형태다. 주주들이 가진 주식 하나당 일정 금액의 현금을 주는 식으로 배당이 지급된다. 1주당 배당금이 100원으로 결정되었으면, '배당기준일에 내가 가진 주식수×100원'의 금액이 주식 계좌에 입금된다. 내가 ○○기업의 주식을 1천 주 갖고 있었다면 배당금으로 '1천 주×100원=10만 원'의 현금이 배당소득이 되는 것이다.

하지만 여기서 주의해야 할 점은 배당에 대한 세금인 '배당소득세'가 존재한다는 것이다. 만약 배당이 없지만 5%의 수익을 낼 수 있는 A기업에 투자할 수 있음에도 5.5%의 배당소득을 얻을 수 있는 B기업에 투자했다면, 이는 잘못된 투자다. B기업에서 얻은 5.5%의 배당에서 15.4%의 세금을 제한 4.65%가 B기업의 실제 투자 수익률이기 때문이다

배당소득세는 나라별로 세율이 다른데 우리나라는 15.4%(소득

세 14%+주민세 1.4%)의 세율로 원천징수 한다. 하지만 배당소득이 2천만 원이 넘어간다면, 종합소득세로 과세해 6~42%까지의 누진세가 적용된다(하지만 배당소득이 2천만 원이라는 것은 필자에게는 너무나 남의 이야기이기 때문에 전혀 신경 쓰지 않는 부분이다). 이는 국내 기준이고 해외에서는 적용 세율이 다르므로 배당 투자를 하기에 앞서 내가 투자하는 기업의 배당세율을 체크해놓는 것이 좋다.

❷ 주식 배당

일반적으로는 현금 배당을 실시하지만, 간혹 주주들에게 현금 대신 주식으로 배당을 주는 회사가 존재한다. 주주의 입장에서는 따로 돈을 내지 않고 주식 수가 늘어나는 효과가 있으므로 무상증자와 똑같다고 볼 수 있지만, 회계상 자본전입을 하는 계정이 다르기 때문에 엄밀히 말하면 무상증자와는 차이가 있다. 어찌됐든 주식 배당도 현금 배당과 같이 주식 1주당 일정 비율의 주식이 내 계좌에 지급된다. 만약 주식 배당 비율이 0.1이고 내가 100주의 주식을 갖고 있으면 10주의 주식을 배당으로 지급받는 것이다.

얼핏 보면 현금 배당과 주식 배당은 단지 '배당을 주는 형태'에 차이만 있을 뿐 큰 차이는 없어 보이지만 이 둘에는 큰 차이가 있다. 바로 '주식의 가치'가 달라진다는 점이다.

시가총액이 1천억 원(발행주식 수 1억 주×주가 1천 원)인 C회사가 있다고 가정하자. 이 회사는 0.5의 비율로 주식 배당을 실시했

항목	배당 전	배당 후
발행주식 수(A)	1억 주	1억 5천만 주
1주당 주가(B)	1,000원	667원
시가총액(A×B)	1,000억 원	1,000억 원

다. 그렇다면 배당 후 이 기업의 총 발행주식 수는 1억 5천만 주가 될 것이다. 원래는 1억 주였던 이 회사의 주식이 1억 5천만 주가 된다면, 당연히 원래 있던 1주당 가치는 그만큼 낮아지게 된다(희소성).

따라서 주식 배당은 이론적으로 주주에게는 전혀 이득이 되지 않는 배당이라고도 볼 수 있다. 상황에 따라서 주식 배당을 하고 나서 곧바로 현금 배당을 주는 경우도 있는데, 이 경우에는 투자자들로부터 열렬한 환호를 받는다. 하지만 주식 배당만을 지급하는 경우는 투자자 입장에서는 조삼모사와 같은 보상이기 때문에 그렇게 좋아하지는 않는다.

❸ 자사주 처분

자사주 처분 같은 경우는 보통 배당이라고 생각하지 않지만, 엄밀히 보면 배당의 한 종류로 볼 수 있다. 자사주 처분은 말 그대로 자기 기업의 주식을 매입해 처분하는 행위를 말한다. 앞서 주식 배당을 설명할 때, 총 주식 수가 늘어나면 1주당 가치는 그만큼 감소한다고 말했다. 마찬가지로 총 주식 수가 줄어들면 1주당 가치는 그만큼 증가한다. 기업이 자사주를 매입해 소각하면 유통 주식 수가 줄어들어 주당순이익(EPS)이 증가하고, 주주의 지분 비율이 늘어 경영권 방어 목적으로도 사용한다. 하지만 재무제표상 자본금이 줄어드는 것이기 때문에 부채비율(부채÷자본금)이 증가하는 단점도 존재한다.

그렇다면 위 세 가지 배당 방법 중 주주 입장에서 가장 좋은 것은 무엇일까? 바로 '자사주 처분'이다. '주식 배당'은 실질적으로 주주에게 이득이 없는 것이니 가장 좋지 않은(안 주는 것보다는 낫다) 경우이고, '현금 배당'은 배당소득세가 적용되기 때문에 '자사주 처분'이 실질적으로 주주들에게 가장 이득이 되는 방법이라고 볼 수 있다.

지금까지 배당의 여러 종류에 대해 알아보았다. 그중 자사주 처분과 주식 배당은 일반적인 경우(매년 시행한다기보다는 특수한 해에 시행하는 배당 정책이다)가 아니기 때문에, 지금부터는 현금 배당에 포커스를 맞춰 이야기하고자 한다.

좋은 배당주 종목 고르기

보통 배당을 많이 주는 회사는 자산 우량주인 가치주나 경기 방어주인 소비재 기업인 경우가 많다. 카카오, 테슬라와 같은 성장주는 앞으로 성장할 산업에 시장점유율을 가져가고, 기술을 개발하기 위해 큰 비용을 지출한다. 따라서 당기순이익이 많아도 주주들에게 배당하기보다는 내년 사업에 다시 투자하는 경영 방침을 택한다. 물론 성장주 기업에 투자하는 투자자들 역시 '이 기업이 앞으로 더욱 크게 성장할 것이다.'라는 기대가 있으므로 배당을 지급하지 않는 것에 전혀 불만이 없다. 하지만 식료품 산업이나 가스, 전기, 금융 산업과 같이 성숙한 산업은 카카오, 테슬라와 같은 성장의 여지가 없다. 대신 이미 많은 돈을 벌고 있고 더 이상 투자할 곳도 없으므로 번 돈을 주주에게 돌려주는 식으로 회사의 투자 매력을 어필한다. 따라서 배당 투자를 위한 종목을 고르고 있다면 경기 방어주인 소비재 기업(코카콜라, 프록터앤갬블, LG생활건강 등)이나 금융주(증권사, 은행 등), 가스 및 전기와 같은 사회간접자본(SOC) 기업을 눈여겨보는 것이 좋다.

그러면 이 회사가 배당을 얼마나 주는지는 어디서 확인할까? 이 역시 네이버 금융에서 확인할 수 있다. 이번에도 네이버 금융에 종목명을 검색한 후 '종합정보'에 들어가 스크롤을 밑으로 내려보면 '기업실적분석'이라는 표가 나올 것이다.

● 네이버 금융 내 종합정보

종합정보	시세	차트	투자자별 매매동향	뉴스·공시	종목분석	종목토론실	전자공시	공매도현황

표 맨 아래에 다음과 같은 지표가 있는데, 이것이 바로 배당에 대한 정보라고 보면 된다.

● 종합정보 내 배당 정보

주당배당금(원)	166	182	220	220			
시가배당률(%)	4.14	5.40	5.58				
배당성향(%)	19.76	25.07	20.71				

종목을 고르기 전에 용어 정리부터 보도록 하자. 먼저 첫 번째로 나오는 '주당배당금'은 말 그대로 1주당 얼마의 현금 배당을 주는지에 대한 지표다. 표의 기업은 2018년에는 주당 166원을, 2019년에는 182원, 2020년과 2021년에는 220원의 배당금을 지급했다. 그 밑에 '시가배당률'은 배당지급날짜 기준으로 '배당금이 주가의 몇 퍼센트인지'를 나타내는 수치다. 이 기업의 2020년도 배당지급날짜 기준 1주당 주가는 3,940원이었다. 따라서 2020년도의 시가배당률(%)은 '220원÷3,940원=5.58%'가 되는 것이다. 마지막으로 '배당성향'은 기업의 당기순이익 중 주주들에게 배당금으로 지급되는 액수의 비율을 의미한다.

즉 이 기업은 "2020년도 당기순이익 중 20.71%에 해당하는 금액을 주주에게 나누어주었고, 이는 1주당 220원이며 주가의 5.58%에 해당한다."라는 뜻이다.

여기서 눈치챘겠지만, 배당은 고정된 금액이 아니다. 많은 사람들이 배당이 매년 일정한 금액으로 나오는 고정 수익으로 생각하지만, 실상은 그렇지 않다. 배당은 기본적으로 당기순이익에서 나눠주는 것이기 때문에, 같은 회사라 하더라도 회사가 실적이 좋은 연도에는 배당이 많이 나올 수도 있고, 회사가 실적이 좋지 못한 연도는 아예 배당 지급을 안 하기도 한다. 또한 실적이 좋다고 하더라도 회사의 배당 정책에 따라 배당을 아예 지급하지 않는 회사도 여럿 존재한다.

이는 내가 매수를 했을 당시는 충분히 매력적인 배당금을 지급했지만, 향후 시간이 지나면서 배당이 줄거나 아예 배당이 없어질 수도 있다는 것을 의미한다. 따라서 배당 투자에서 '배당률' 다음으로 중요하게 볼 것은 회사의 '안정성'이다. 안정적으로 돈을 벌지 못하는 기업은 일관적인 배당 정책을 시행할 수 없기 때문이다. 그렇다면 안정적인 회사인지는 어떻게 파악할까? 다음 표를 예로 들어 안정적인 기업인지 확인해보자.

● 표

주요재무 정보	2018/12	2019/12	2020/12	2021/12(E)
매출액	67,475	76,854	78,445	86,417
영업이익	10,392	11,764	12,209	13,758
당기순이익	6,923	7,882	8,131	9,392
영업활동현금흐름	8,171	11,396	10,048	11,242
FCF	4,608	8,136	4,991	6,962
부채비율(%)	46.8	53.26	40.26	35.96
자본유보율(%)	4,132.2	4822.48	5534.21	6038.22
이자보상배율	102.53	84.82	97.61	103.55

※ 모든 기업에 통용된다고 말할 순 없지만, 보통 회사의 안정성을 볼 때 보는 지표들이다(자세한 건 3장을 참고하자).

안정적인 기업 확인하는 법

❶ 매출액, 영업이익, 당기순이익이 매년 안정적으로 유지되는지를 파악해라.

❷ 영업활동현금흐름을 보고 실제로 기업에 돈이 들어오고 있는지를 파악해라.

❸ FCF(Free Cash Flow)가 플러스(+)인지 확인해라.

❹ 부채비율이 100%가 넘어가지는 않는지 확인해라.

❺ 유보율이 1,000% 이상인지 확인해라.

❻ 이자보상배율이 10 이상인지 확인해라.

물론 해당 지표를 확인하기 이전에 "이 산업이 장기적으로도 돈을 벌 수 있는 산업인가?"라는 질문에 스스로 답을 내릴 수 있어야 한다. 재무제표는 과거의 정보이므로 "이전에도 돈을 잘 벌었으니 앞으로도 그럴 거야."라는 논리가 항상 들어맞지는 않기 때문이다. 만약 내가 배당주를 매입할 당시 시가배당률이 5%였는데, 1년 후 주가가 10%가 떨어진다면 결국 -5%의 수익이 된다. 그러니 수익이 3년 연속 줄어드는 기업(혹은 산업)에 투자는 지양하도록 하자.

투자의 기본은
분할매수, 분할매도다

지금까지 배운 것으로 이제 전장에 나갈 준비는 모두 끝냈다. 짧게 요약하자면, 주식을 하기 전에 본인의 투자성향을 파악하고, 투자 포지셔닝을 정하는 것이 가장 먼저 이루어져야 한다. 그다음 투자하고자 하는 산업을 분석하고, 해당 산업에 중요한 지표들을 위주로 기업의 재무제표 분석을 통해 기업을 정하면 된다(투자하고자 하는 기업을 정한 뒤 산업을 분석해도 무방하다). 이러한 과정을 통해 투자할 기업이 정해졌다면 이제 본격적으로 기업의 주식을 매수할 차례다.

앞서 '기술적 분석' 파트가 어떤 시점에 주식을 매수 및 매도해야 하는지에 관한 내용이었다면, 이번 파트는 어떤 방법으로 매수 및 매도해야 하는지에 관한 내용이다. 물론 내가 투자하는 기업의 매수와 매도 이유에 따라 유동적으로 전량매도, 전량매수를 해야 할 때도 있기는 하다. 하지만 일반적으로 분할매수와 분할매도를 습관화하는 것이 좋다.

분할매수와 분할매도의 중요성은 주식을 조금이라도 해본 사람이면 모두 느낄 것이다. 필자 역시 나만의 분할매수와 분할매도 원칙이 세워지기까지 수많은 시행착오(좋게 말해 시행착오지 정말 많이도 잃었다)를 겪었다. 아마 필자뿐 아니라 대부분의 초보자는 공통적으로 겪은 상황이 있었을 것이다. 바로 '호가창의 마법'이다.

항상 어떤 주식이 오를 것 같아 매수를 고민하고 있을 때면, 어김없이 빨간 기둥이 세워지며 무섭게 주가가 올라간다(정작 확신하고 매수한 종목은 안 오르고 고민하는 게 오른다). 그러면 조바심이 생겨 더 늦기 전에 전량매수를 해버리게 되는데, 그걸 또 귀신같이 알고 조금 전의 강한 매수세는 없어지면서 주가는 뚝뚝 떨어진다. 이런 신기한 현상은 지금부터 시작된다. 쿨하게 전량매수를 해버린 후 주가가 더 떨어질 것 같아 전량매도를 해버리면 다시 올라가고, '다시 오르겠지.'라는 생각으로 버티면 조용히 내려가다 장이 마감되는 것이다. 오후 3시 30분. 계좌에는 파란색만 덩그러니 놓인 채 조용해지는 시간이다.

'내가 지금 뭘 한 거지?'라는 생각과 함께 조용히 담배를 들고 나가 촉촉한 눈으로 지나가는 사람을 바라보며 조용히 읊조린다.

'내가 또 이렇게 뇌동매매를 하면 진짜 사람이 아니다.'

다음 날 오전 9시. 장 시작과 동시에 사람이 아니게 되는데…
마치 뫼비우스의 띠에 갇힌 개미를 보는 듯하다. 아직도 이런 호
가창의 마법이 왜 발생하는지는 잘 모르겠지만, 확실한 건 이제
는 이런 실수를 겪지 않게 되었다. 나만의 분할매수와 분할매도
원칙을 세워놨기 때문이다. 지금부터 필자의 '분할매수, 분할매
도' 원칙을 공개하도록 하겠다.

1 │ 분할매수

사실 분할매수를 하는 법은 정말 사람마다 다르므로 그 기준은
무궁무진하게 많다. 따라서 '정답'은 없으며, 본인이 이 방법 저
방법을 시도해보고 자기만의 원칙을 세우는 것이 가장 좋다. 필
자의 방법을 따라 해도 좋고, 도전해봤다가 자신과 맞지 않으면
수정해서 원칙을 세워나가도 된다.

우선 필자는 총 세 번에 걸쳐 분할매수를 진행한다. 각각 비중
의 25%, 25%, 50%로 매수를 한다. 예를 들어 내가 A라는 종목에
1천만 원을 투자하기로 했다면 250만 원, 250만 원, 500만 원의

금액에 맞춰 분할매수를 진행하는 것이다.

첫 번째 250만 원 매수 시점은 '종목 분석이 끝난 날 혹은 그다음 날'이다. 지금 이 기업의 주가가 기술적으로는 어떤지는 고려하지 않는다. 관심 종목에만 넣어두면 어느 순간 '사야지, 사야지.'라는 생각만 하고 못 사는 경우가 많아 그냥 내 계좌에 바로 편입시켜버리는 것이다. 이렇게 총 비중의 25%만 먼저 매수를 해놓으면, 올라도 기분이 그렇게 나쁘지 않고, 떨어져도 '오히려 좋아.'라는 마음을 갖게 되어 뇌동매매할 확률을 확연히 낮춰준다.

두 번째 매수 시점은 주가의 동향을 살핀 후 박스권에서 매수한다. 주가가 급등하거나 급락할 때는 "추격 매수나 떨어지는 칼날을 잡지 않고 관망하겠다."라는 원칙을 지키기 위해서다. 박스권이 1차 매수 평균 단가보다 높게 형성되어도 내 입장에서는 리스크를 줄이고 편입한 것이니 그렇게 아쉽지는 않고, 1차 매수 평균 단가보다 낮게 형성되었으면 분할매수해서 다행이라는 생각을 하게 된다.

이렇게 2차 매수까지 진행했으면, 3차 매수까지는 시간이 좀 오래 걸릴 수도 있다. 3차 매수는 가장 큰 금액이 투입되고 더 이상 추가 매수 기회가 없어 가장 신중하게 매수하기 때문이다. 필자의 3차 매수 시점은 '볼린저밴드 하단 이탈 후'다. 좀 더 정확히 말하면 주가가 볼린저밴드 하단을 이탈한 후 이틀 연속 상승 흐름이 이어지면 매수를 진행한다. 개인적으로 기술적 분석 중에 볼린저밴드가 신뢰도가 높다고 생각하기 때문이다.

● 필자의 분할매수 시점

● 필자의 분할매수 시점

항목	1차 매수	2차 매수	3차 매수
비중	25%	25%	50%
매수 시기	종목 분석 다음 날	박스권	볼린저 하단 이탈 후 이틀 연속 상승세가 이어졌을 때

말만 들어서는 제대로 감이 안 올 것이다. 이 원칙을 철저히 지키면서 필자가 실제로 매수했던 기업의 차트를 보고 같이 살펴보자.

● 앤츠의 분할매수 차트

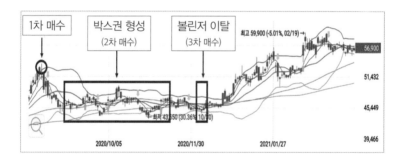

항목	매입 단가	수량	평균 단가
1차 매수	49,750원	20주	49,750원
2차 매수	47,200원	21주	48,444원
3차 매수	46,300원	44주	47,334원

1차 매수는 종목 분석을 끝내고 지켜보던 중 상승 추세가 이어지던 때 매수를 진행했다. 해당 종목에 할당한 금액은 400만 원이었고, 1차 매수 금액은 400만 원의 25%인 100만 원 정도였다. 차트에서 보는 것과 같이 필자가 1차 매수를 하자마자 다음 날부터 귀신같이 내려가는 걸 볼 수 있다. 1차 매수 후 주가가 계속해서 떨어지자, 이 종목에 악재가 될 만한 뉴스가 있나 찾아보니 이렇다 할 이슈는 없었다(그냥 내가 사니까 내려가는 거였다). 따라서 해당 종목의 주가가 박스권을 형성할 때까지 조용히 지켜보기로 했다.

2차 매수는 박스권이 어느 정도 형성된 부근에서 4만 7,200원에 추가 매수를 진행했다. 할당된 금액은 1차 매수와 마찬가지로 100만 원 정도였고, 1차 매수 때보다 주가가 낮아졌기 때문에 21주의 주식을 살 수 있었다. 2차 매수까지 진행하자 필자의 계좌 평균 단가는 4만 8,444원으로 낮아졌다.

2차 매수 후 평균 단가＝

(49,750원×20주＋47,200원×21주)÷(20주＋21주)＝48,444원

그 후 얼마 지나지 않아 해당 종목이 볼린저밴드 하단을 이탈했고, 이탈 후 2일 연속 상승세가 지속되던 날 4만 6,300원에 나머지 금액인 200만 원을 마지막으로 3차 매수를 끝냈다. 이로 인해 필자의 해당 종목 평균 단가는 4만 7,334원으로 최종 결정되

었다. 그 후 다행히 이 종목이 박스권을 탈피하더니 현재(2021년 5월 20일 기준)에는 5만 7,200원으로 20%의 수익으로 필자의 포트폴리오를 차지하고 있다.

만약 필자가 1차 매수 시기에 400만 원의 금액으로 일시불 결제를 해버렸다면, 이 종목은 20%의 수익이 아닌 14%의 수익(평균 단가 4만 9,750원 기준)을 내고 있을 것이다. 어쩌면 14%의 수익이 아닌 1차 매수 후 하락 구간에 불안해서 손절(손해를 보고 매도)했을 가능성이 더욱 크다. 이처럼 분할매수는 매수 리스크를 줄여주면서 뇌동매매를 할 가능성을 확연히 낮춰준다. 또한 수익률을 극대화하는 것에도 유의미한 도움이 된다(이 종목의 경우 분할매수를 함으로써 6%의 추가 이익을 얻었다고 볼 수 있다).

하지만 앞서 말했듯, 이 방법이 무조건 정답은 아니다. 경우에 따라서는 분할매수를 함으로써 평균 단가가 높아지기도 하기 때문이다. 그럼에도 불구하고 분할매수를 진행해야 하는 이유는 명확하다. 리스크를 줄이면서 내가 고른 기업의 투자 지분을 안정적으로 늘릴 수 있기 때문이다.

리스크를 줄이는 것과 수익을 극대화하는 것은 비슷하면서도 다른 의미인 것처럼, 분할매수와 분할매도가 항상 수익 극대화를 보장해주지는 않는다. 하지만 우리의 목표는 지속 가능한 투자임을 잊지 말자. 앞으로도 주식 투자를 할 기간은 몇십 년이 남아 있고, 그 기간 동안 시장에서 살아남으려면 눈앞의 수익보다는 안정적인 중수익을 낼 수 있는 포트폴리오 운영법을 꼭 체화해야만 한다. 본인에게 꼭 맞는 투자법과 투자 원칙을 만들어놔야 한다는 것이다. 수익은 매년 은행 이자를 상회하는 것만으로도 충분하다. 지나친 고수익을 추구하다 보면, 한 번에 크게 잃을 수 있으니 우리는 리스크를 계속해서 줄이면서 원하는 기업에 안정적으로 장기 투자할 수 있는 자기만의 방법을 세워놓도록 하자.

2 | 분할매도

사실 많은 투자자가 매수보다 어려운 것이 매도라는 말을 한다. 사실 필자도 매수보다는 매도 과정에서 항상 아쉬움이 남는다. 이상하게 매수는 내가 어떻게 할 수 없었다는 생각이 들지만, 매도할 때면 '하, 좀만 기다릴걸.' 혹은 '그때 팔걸.'이라는 아쉬움이 생기는 것이다. 하지만 '나는 절대 고점과 저점을 맞출 수 없다.'라는 사실을 머릿속에 새겨놓으면 의외로 이 문제는 간단히 해결된다. 우리가 해야 할 건 원칙대로 매매를 수행하기만 하면 되는 것이다.

앞서 분할매수에서도 원칙을 세우고 그에 맞춰 매수를 진행했던 것처럼, 매도 역시 원칙에 맞춰 진행해야 한다. 물론 매도 원칙도 매수 원칙과 마찬가지로 사람마다 다르게 세워질 수 있고, 정답은 없다. 사실 필자의 매도 원칙은 정말 '내가 이 종목을 왜 샀는가'에 따라 달라서 매수 원칙처럼 절대적인 원칙은 없다. 만

● 분할매도 차트

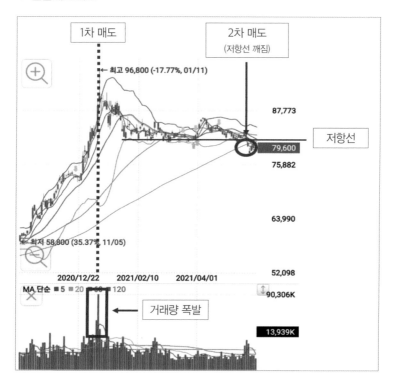

약 내가 이 종목을 가치 투자한다고 했으면 특별한 이유가 없는 한 매도를 하지 않는 편이고, 스윙으로 접근했으면 재료의 소멸에 맞춰 매도한다. 하지만 단기적으로 접근한 종목의 매도 시점을 잡을 때는 주로 '거래량'과 '저항선'을 참고해서 분할매도를 하는 편이다(앞에서 말한 골든크로스, 볼린저밴드도 함께 참고하면 좋다).

매도는 보통 두 번에 걸쳐 진행한다. 1차 매도는 '천장권에서 거래량이 폭발할 때', 2차 매도는 '상승 추세가 꺾이고 1차 저점이 깨졌을 때' 한다. 이번에도 차트를 보면서 필자의 분할매도 시점을 확인해보자.

이 종목의 1차 매도는 상승 추세(천장권)에서 '거래량이 폭발'하는 날에 진행했다. 거래량이 폭발한다는 것은 추세의 절정(클라이맥스 부근)이라는 것이다. 즉 천장권에서 거래량이 폭발한다는 건 주로 상승의 절정에 도달했음을 말한다. 물론 거래량이 터지고 나서도 쭉 상승 추세를 유지하는 경우도 더러 있다. 하지만 필자의 경험상 이미 상승 추세를 타고 있는 시점에 매수세가 강하게 나타나면 '추세 전환'의 시점이 될 확률이 높았다. 따라서 절정이라고 판단해 비중의 50%를 매도한다. 해당 종목 역시 필자가 1차 매도를 한 날을 최고점을 경신하고, 이후 천천히 하락하며 박스권을 형성했다.

2차 매도 시점은 박스권을 하단 이탈하거나 저항선을 이탈한 날 시행한다. 이때는 종목의 추세가 하락 추세로 반전하며 더욱 내려갈 확률이 높으므로 남아 있는 물량 전체를 매도한다. 이는 특히 단타에서 매도 시점을 잡을 때 굉장히 유용하게 사용한 방법이다. 이 종목 말고 단타가 많이 유입된 종목의 분봉*을 보며 자세히 알아보자.

이 분봉 차트는 하루 만에 12.86%가 올랐다가 3.73%로 마감

---

* **분봉:** 하루마다 가격이 아닌 분 단위의 가격 변화를 기록한 차트.

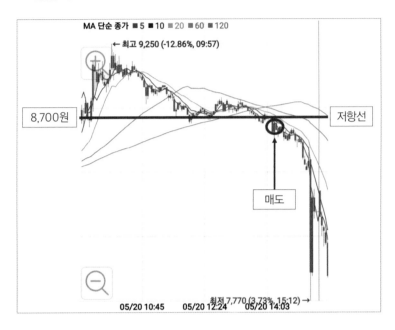

한 어떤 종목의 3분봉 차트다. 전형적인 단타 종목에서 자주 관찰되는 차트로, 이는 꼭 들어맞는 '공식'이 아닌 필자의 수많은 '손절 데이터'가 모여서 만들어진 공식임을 잊지 말자.

앞서 말했듯이 1차 매도는 상승 추세에서 실행한다. 반면에 2차 매도는 상승 추세가 꺾이고 본격적인 하락 추세가 시작될 때 실행한다. 하지만 문제는 대체 언제가 하락 추세의 시작일지를 모른다는 것이다. 이에 필자는 상승 추세가 잠잠해지고(박스권 형성), 저항선이 깨졌을 때를 하락 추세의 시작이라고 판단했다. 물론 아닌 경우도 있지만, 신기하게도 단타에서는 높은 확률로 저항선 이탈 후 하락 추세로 접어듦을 알 수 있다.

어떻게 보면 필자의 1차 매도 시점은 '어디서 팔아야 고점에서 팔 수 있을까?'에 대한 것이고, 2차 매도 시점은 '어디서 팔아야 덜 잃을까?'에 대한 것이라고 볼 수 있다. 하지만 '기술적 분석' 파트에서도 거듭 강조했듯이, 이렇게 차트만을 보고 매매를 하는 건 '백미러만 보고 운전하는 것'과 같으니 투자의 보조 지표로만 사용하는 것을 추천한다.

우리가 본질적으로 집중해야 하는 것은 '언제 사고, 언제 팔까?'에 대한 것이 아닌 '어디에 투자할까?'에 대한 것이다. 이를 위해 기본적 분석(재무제표와 시장 분석 등)에 훨씬 더 많은 시간을 할애해야 한다.

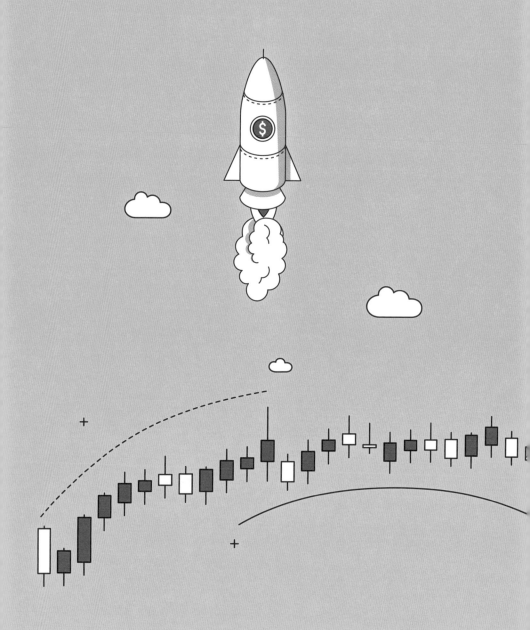

5장

월급쟁이 앤츠의 투자 계획

실전 포트폴리오 구성하기
(Feat. 앤츠의 포트폴리오)

이번에는 '앞으로 필자의 투자 계획'에 관해 이야기하고자 한다. 현재 필자는 포트폴리오를 어떻게 세우고 있고, 앞으로 펼쳐질 시장을 어떻게 바라보고 있는지, 또한 어떤 산업에 투자할 계획인지 등에 관한 내용이다. 개인적인 인사이트가 담긴 지극히 주관적인 생각임으로 참고만 하되, 어떤 부분으로 시장을 바라보고 있고 그러한 시각을 어떻게 포트폴리오에 담아내는지 위주로 참고해주면 좋을 것 같다. 투자는 결국 본인이 시행하는 것이고, 어떤 원칙으로 어떻게 운용하느냐에 따라 똑같은 종목을 가지고도 수익이 천차만별이기 때문이다. 결국 가장 중요한 건 '나만의 운용 원칙'이라는 점을 잊지 말자.

　요즘 필자는 안정적으로 중수익을 낼 수 있는 장기 포트폴리오에 대한 고민이 많다. 최대한 매매를 줄이되 확신이 있는 기업들에 분산 투자하며 10년을 끌고 갈 포트폴리오를 어떻게 짤 것인가에 대해 매일 고민 중이다. 전업 투자자가 될 것이 아닌 이상 매일 매매할 수 없기도 하고, 데일리 트레이딩은 지향하는 투자법과도 거리가 있으므로 지금부터 점점 회전율을 줄이고 '옥석 가리기'에 들어간 것이다.

장기 투자와 분산 투자의 포트폴리오

우선 장기 포트폴리오를 안정적으로 운용하기 위해서는 '분산'이 필수적이라 생각한다. 따라서 현재 필자의 주식 포트폴리오에는 국내 주식, 해외 주식뿐 아니라 리츠(REITs, Real Estate investment) 상품도 함께 편입되어 있다. 리츠 상품이란 쉽게 말해 부동산에 투자하고 그에 대한 배당을 받는 상품이다. 소액으로 부동산에 투자할 수 있으면서, 일반 주식 대비 안정적이면서 고배당을 받을 수 있는 상품이라 분산 효과뿐 아니라 현금흐름 관리의 차원에서 편입한 상품이기도 하다. 앞서 분산 투자를 설명할 때 기업 분산, 산업 분산뿐 아니라 국가별 분산과 자산군에 대한 분산이 있으면 리스크를 훨씬 더 효과적으로 줄일 수 있다고 말했는데,

필자 역시 마찬가지로 리스크를 줄이기 위해 이처럼 다양한 상품에 투자하는 것이다.

❶ 국내 주식

국내 주식은 '성장 가치형' 종목과 '배당 가치형' 종목에 투자하고 있다. 성장 가치형 종목으로는 아직 중소형주이고 시장에서 관심을 받지 못하고 있지만 향후 유망한 시장 플레이어가 될 수 있다고 생각하는 기업에 투자해놓은 상태이며, 배당 가치형 종목은 돈을 잘 벌면서 개인적으로 저평가되어 있다고 생각하는 가치주에 투자 중이다. 또한 평소 관심 있게 보던 종목이 상장 준비 중이라 투자를 위한 현금을 확보해놓았다.

❷ 해외 주식

해외 계좌에서는 얼마 전까지 미국, 동남아, 중국 기업에 투자하고 있다가 말로만 듣던 '중국 리스크'를 직격탄으로 맞으며 현재는 미국과 동남아 기업에만 투자 중이다. 매우 관심 있어 하는 산업에서 굉장히 빠르게 성장하고 있는 중국 기업이었지만, 분식회계에 대한 의혹이 있으면서 현재 미국과 중국의 갈등 심화로 더이상 투자하는 건 리스크가 너무 높다고 판단했다(아직도 마음이 쓰리다). 미국과 동남아 기업은 모두 고성장주 위주(4차 산업혁명)의 기업으로 구성되어 있다. 하지만 최근 해외 계좌를 리밸런싱 하기 위해 여러 가지 기업을 분석 중이다.

이처럼 필자가 고성장주 위주의 포트폴리오를 바꾸려고 하는데는 여러 이유가 있다. 가장 큰 이유는 바로 '인플레이션 우려' 때문이다. 그렇다면 인플레이션이 현재 주식시장에 어떤 영향을 미치고 있을까? 다음으로 필자는 앞으로 시장이 어떻게 갈 것으로 생각하는지, 또한 좀 더 구체적으로 어떠한 산업과 섹터에 투자하고 있는지를 알아보겠다.

금리와 시장의 상관관계
(Feat. 인플레이션)

인플레이션이 뭐죠?

금리와 주식시장의 상관관계에 대해 알아보기 전에, 우선 인플레이션이 뭔지 알아보자. 지금부터 할 이야기는 거시적인 측면에서의 경제 이야기이기 때문에 다소 어려운 내용이 될 수도 있다. 하지만 주식시장은 글로벌 경제와 가장 밀접한 시장이라고 해도 과언이 아닐 정도로 경제와 밀접한 관계가 있다. 따라서 포트폴리오를 구성할 때도 거시적인 경제 흐름을 파악하고 이에 대한 본인의 스탠스가 있어야 한다.

경제에서 가장 기본이 되는 원칙이 있다. 바로 수요와 공급의 논리다. 공급이 동일한 상태에서 수요가 늘어나면 그 물건의 가격은 증가한다. 반대로 수요가 동일한 상태에서 공급이 늘어난다면 그 물건의 가격은 감소한다. 자본주의 시장에서는 너무나 당연한 원칙이다. 통화량*은 이러한 수요와 공급에 직접적인 영향을 끼치는 요인 중 하나다. 통화량이 늘어난다는 것은 곧 어떠한 재화나 서비스의 구매 여력이 있는 사람이 증가한다는 것이다. 그 결과 수요가 증가하며 물가는 상승한다.

인플레이션(inflation)이란 이처럼 통화량의 증가로 화폐가치가 하락해 모든 물가가 오르는 경제 현상을 말한다. 반대로 통화량의 감소로 화폐가치가 증가하면 물가가 내려가는 현상을 디플레이션(deflation)이라고 한다.

요즘에는 스태그네이션(stagnation, 경기침체)과 인플레이션의 합성어인 스태그플레이션(stagflation)이라는 신조어가 탄생했는데, 불황기임에도 물가가 상승하는 사태를 의미한다. 보통 전통적인 경제 이론에서는 경제가 침체되어 있을 때는 실업률이 증가하고, 소비 지출을 줄이기 때문에 시중에 돈이 돌지 않아 물가가 떨어진다. 반면에 경제 호황기에는 실업률이 하락하고 투자가 증가하며 시중에 돈이 순환하면서 물가가 올라간다. 하지만 요즘에는

---

* **통화량**: 시중에 풀린 돈의 양.

대부분 국가가 물가 안정보다는 경기 안정을 우선시한다는 점과 소수의 대기업이 산업을 지배하고 이에 따라 제품 가격이 통화량 과는 관계없이 고정되는 경향 등으로 인해 이러한 스태그플레이 션 현상도 나타나는 것이다.

여기서 우리가 중요하게 체크해야 할 부분은 '통화량은 변동한 다'라는 점이다. 수요와 공급의 법칙은 화폐에도 똑같이 적용된 다. 통화량이 증가하면 화폐의 가치는 떨어지고, 통화량이 감소 하면 화폐의 가치는 증가한다.

최근의 글로벌 시장을 다시 한번 되짚어보자. 2019~2020년 코로나19가 세계를 강타한 후 대부분 나라는 무너지는 경제를 살리기 위해 '대규모 부양책', '재난지원금'과 같은 이름으로 돈을

● 미국 인플레이션

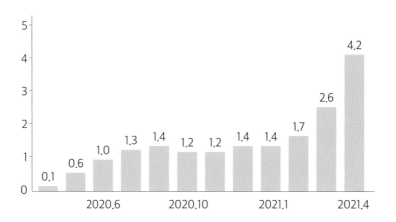

자료: Tradingeconomics.com | U.S. BUREAU OF LABOR STATISTICS

뿌려댔다. 소비가 위축되고 경제가 순환되지 않으니 나라에서 재정 확대 정책을 통해 시장에 유동성을 공급한 것이다. 그 결과로 시장에서는 점점 인플레이션이 나타나고 있다.

그래서 주식시장에는 무슨 영향이?

사실 '대규모 부양책'이란 이름으로 전 세계에서 돈을 뿌려댈 때부터 인플레이션이 올 것이란 건 모두가 예상한 사실이다. 다만 부양책 외에는 경기를 살릴 수 있는 마땅한 대책이 없었고 연일 상승하는 주식시장에 홀려 애써 외면한 것이다. 하지만 점점 백신이 보급되고 경기가 재개되면서 인플레이션이 빠른 속도로 나타나고 있다. 이를 없애기 위해서 국가는 뿌린 돈을 거둘 필요가 있는데 이때 사용하는 긴축정책이 주로 '금리 인상'이다.

금리 인상이란 말 그대로 빌려준 돈이나 예금에 붙는 이자를 인상시키겠다는 것이다. 은행에 돈을 맡기면 이자를 더 주겠다고 하니 사람들이 돈을 다시 은행에 넣을 것이고 이런 방법으로 시장에 나와 있는 현금을 거둬들이는 것이다. 하지만 금리 인상과 인플레이션의 증가는 보통 주식시장에는 악재에 해당한다. 크게 두 가지 이유가 있다.

첫 번째는 '채권의 매력이 향상'되기 때문이다. 사실 주식시장과 채권시장은 밀접하게 연관되어 있다. 채권 투자자가 따로 있

● 채권

고, 주식 투자자가 따로 있다기보다는 더욱 이득(profit)이 되는 시장으로 투자자(잉여 자산으로 미래 현금흐름를 추구하는 사람들)가 이동하는 것이기 때문이다(여기서 말하는 이득이란 지배원리*에 따라 위험률 대비 수익률이 높은 자산을 말한다). 따라서 주식에 투자하는 사람이라면 채권시장 역시 이해하고 있어야 거시적인 글로벌 흐름에 뒤처지지 않고 선제적으로 포트폴리오를 대응할 수 있다.

채권은 그림과 같은 형태다. 3년간 100만 원을 빌려주면, 연간 10%의 이자(보통 이 정도까진 안 준다)를 지급하고 만기 시 다시 100만 원을 돌려준다는 증서다. 여기서 나오는 표면 이자와 원

---

* **지배원리:** 포트폴리오 관리에서 동일한 기대수익률을 가지고 있는 포트폴리오 중 최소의 위험을 가진 포트폴리오를 선택하거나 동일한 위험을 갖는 포트폴리오 중 최대의 기대수익률을 가지는 포트폴리오를 선택하는 원리.

금, 만기는 한 번 정해지면 어떠한 일이 있어도 변하지 않는다. 즉 채권은 구입 당시 조건에 따라 고정 수입을 받을 수 있는 '위험이 매우 적은 자산'이라는 것이다.

특히 회사채(회사에서 발행하는 채권)가 아닌 미국채(미국에서 발행하는 국가 채권)는 미국이 망하지 않는 이상 정해진 기간 동안 이자를 받으며 만기 시 원금도 돌려받을 수 있어 위험이 0인 상품이다. 따라서 현명한 투자자들은 주식시장의 매력이 떨어지면, 가차 없이 위험이 0인 채권시장으로 발걸음을 돌린다.

그러면 대체 인플레이션과 채권은 무슨 관계가 있는 걸까? 이 역시 앞서 말한 지배원리와 연관이 있다. 미국 정부는 자금을 조달하기 위해 매달 미국채를 발행한다. 이해를 돕기 위해 2021년 6월에 액면 이자가 1%인 10년 만기 채권을 발행했다고 가정해 보자. 이 채권을 매수하는 사람들은 10년간 자신의 자본이 묶이는 대신 매달 1%에 해당하는 이자를 받게 되는데 이 거래가 합리적이라고 생각하면 채권을 매입할 것이다.

하지만 만약 인플레이션이 발생해 매년 물가가 3~4%씩 올라버린다면, 1%의 이자를 받으면서 10년간 돈을 묶어놓는 사람은 없을 것이다. 따라서 채권 발행 주체(여기선 미국 정부)는 액면 이자를 높임으로써 투자자들을 끌어모은다. 그 결과 2021년 7월에는 액면 이자 5%의 10년 만기 채권을 발행하게 된다.

그렇다면 앞서 6월에 발행한 채권의 가격은 어떻게 될까? 그렇다. 7월 발급 채권과 동일한 수익을 가지려면, 채권의 가격이 떨어지거나 채권의 이자가 높아져야 하지만 앞서 말한 것처럼 채권의 이자는 한 번 찍혀 나오면 변동이 불가하기 때문에 6월 채권의 가격이 하락하게 된다.

정리하자면 인플레이션이 발생할 경우 ❶ 이전 발행 채권 가격의 하락, ❷ 현재 발행 채권 이자의 증가로 이어진다. 이는 투자자 입장에서는 채권 투자의 기대수익률이 증가하기 때문에(이자는 늘어나고 가격은 하락) 지배원리에 의해 주식시장보다 채권시장이 더욱 매력적이게 된다. 따라서 현재 주식시장에 유입된 대규모의 자금이 다시 채권시장으로 유출되기 때문에 주식시장에는 악재로 작용하는 것이다.

두 번째는 금리 인상 시 성장주(주로 테크주)의 이자 비용이 크게 증가해 실적에 악영향을 줄 수 있다. 앞서 금리가 인상된다는 것은 곧 이자 비용의 증가라고 말했다. 그렇다면 한창 성장가도에 있는 성장주들은 번 돈을 모두 R&D나 마케팅 등에 투자하고, 심지어는 차입과 채권 발행 등을 통해 돈을 끌어모아 사업을 하는데 금리가 인상되면 치명적인 자금난에 허덕이게 된다. 문제는 현재 많은 개인 투자자들의 포트폴리오가 최근 증시 상승을 견인했던 바로 이 고성장주 위주로 형성되어 있다는 것이다.

최근에는 제로 금리(빌린 돈에 대한 이자가 거의 없음) 덕분에 기업이 돈을 빌려 투자하고 성장하는 선순환이 일어났고, 그에 따라 주가가 무서운 속도로 상승했다면, 앞으로는 어떨지는 생각해볼 필요가 있다. 물론 이자 비용이 증가하더라도 이를 뛰어넘는 매출 성장을 하는 회사면 크게 문제가 없다. 하지만 문제는 이렇다 할 매출 실적 없이 매우 공격적으로 투자하고 있는 기업의 경우, 금리 인상 시 지속 가능한 성장을 이어나갈 확률이 적다는 것이다. "내가 투자하고 있는 회사는 어떤가?"를 진지하게 고민해봐야 할 때라고 생각한다.

성장주의 질주는 어디까지?
(Feat. 가치주도 좀 봐줘!)

그렇다면 앞으로의 시장은 어떻게 될까? 물론 시장을 예측한다는 것은 불가능한 일이지만, 시장에서 어떠한 일이 일어나고 있는지는 알고 있어야 빠른 대처가 가능하다고 생각한다. 앞서 말했듯 필자는 현재 성장주 위주의 포트폴리오에서 가치주의 비중을 늘려나가고 있다. 인플레이션 확대 우려도 있고, 시장에서 성장주와 가치주의 밸류에이션 격차가 점점 벌어지고 있기 때문이다.

1996년부터 2020년까지 가치주와 성장주의 지수를 비교한 그래프를 보자. 1999~2000년대에 성장주가 가치주를 크게 앞지르고 있고, 2002년부터 2007년까지는 가치주가 성장주를 앞지

● 성장주와 가치주의 상대 지수

(pt)
- 성장주: MSCI 전 세계 지수(왼쪽)
- 성장주: 가치주 상대 지수(오른쪽)
- 가치주: MSCI 전 세계 지수(왼쪽)

가치주 강세

자료: 이베스트투자증권

르고 있다. 현재는 성장주와 가치주의 차이가 역대 최고치를 기록하며 그 폭은 나날이 커지고 있다. 기술은 갈수록 발전하고 현재의 시장과 과거의 시장은 전혀 다르다고 볼 수 있지만, 그럼에도 우리는 과거의 사건에서 교훈을 얻어낼 수 있다.

과거의 사건에서 현재를 보다

먼저 성장주 우세였던 1999~2000년대를 살펴보자. 이때는 무슨 일이 있었을까? 바로 'IT 버블(혹은 닷컴 버블)'이 일어났던 시기다.

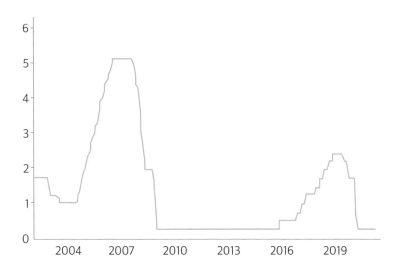

당시 미국에서는 첨단주로 인터넷과 통신 관련 기업의 주가가 천 정부지로 올라갔다. 당시 사람들에게 인터넷은 투자자에게 엄청 난 주목을 받게 되었고, 인터넷 사업을 영위하는 기업들은 투자 자의 기대에 걸맞은 높은 밸류에이션(고PER)을 기록했다. 투자자 들은 인터넷 산업이 기존 산업의 모든 부분을 장악할 것이라고 믿었다. 하지만 투자자들의 기대와는 다르게 인터넷 산업은 현실 적인 벽(인터넷 속도와 예상치 못한 장애물)에 막혔으며, IT 기업의 주 가들은 단시간에 무너져내렸다.

IT 버블이 일었던 1995년부터 2000년 사이에 성장주 위주의 시장인 나스닥 시장은 400% 상승했지만, 버블이 터진 2000년대부터 급속도로 시장은 붕괴했다. 이렇게 시장이 붕괴하자 성장주에 가려져 있던 가치주들의 진가가 발휘하기 시작했다.

버블이 터진 2001년부터 2007년까지 가치주의 주가는 성장주를 월등히 뛰어넘기 시작했다. 특히 본격적으로 격차가 벌어진 해는 2004년도인데, 당시 시장은 '금리 인상'을 시행했다.

그 후 2008년 서브 프라임 모기지가 터지고 시장은 곤두박질을 쳤고, 다시 경기가 재개되면서 성장주와 가치주가 함께 성장하기 시작했다. 2013년부터는 기술의 발전(4차 산업혁명의 본격적인 시작)을 필두로 다시 성장주가 가치주를 앞서 나가다 코로나19로 인해 이 둘의 격차는 역대 최고치에 이르렀다.

현재의 상황은 어떻게 볼 것인가

우리는 지금 '성장주의 우세(그것도 압도적으로)'의 시장에 살고 있다. 그렇기 때문에 과거 성장주가 우세했던 IT 버블의 사태를 주의 깊게 볼 필요가 있다. 단순히 이 둘의 격차가 커졌다고 성장주를 매도하고 가치주를 산다는 건 차트만 보고 매매하는 것과 별반 다르지 않으므로 의미가 없다. 우리가 해야 할 것은 현재 시장을 이해하고 각자만의 투자 방향을 그려나가는 것이다.

지금과 IT 버블 붕괴는 다른 점이 매우 많다. IT 버블 때는 투자자들의 맹목적인 믿음과 혁신 기술임에도 돈을 벌지 못하고 있는 기업들, 높은 금리의 삼박자가 더해져 풍선이 터져버렸다고 볼 수 있다. 하지만 지금 시장을 견인하고 있는 공룡 IT 기업들은 확실히 유의미한 매출과 성장률을 보여주고 있으면서 시장을 잠식해나가고 있다. 또한 현재는 제로 금리에 가까운 상황도 성장주가 실질적으로 수혜를 본다는 점에서 IT 버블 붕괴 때와는 다른 점이다.

그럼에도 불구하고 필자는 현재 시장에서 PER가 500을 넘기고 심지어는 1,000을 넘어가는 기업들이 나오는 시점에서 성장주 투자에 대한 환기와 가치주 투자로의 전환을 생각해볼 필요가 있지 않을까 하는 조심스러운 의견을 내고 싶다. 특히 본인이 투자하고 있는 기업의 IT 버블 붕괴 당시의 삼박자를 고루 갖춘 기업이라면 말이다.

지금은 코로나19로 인해 실적이 부진한 기업들에 일종의 '면죄부'가 주어진 상황이라고 생각한다. 실적이 반 토막이 났어도 투자자들은 크게 개의치 않으며 "코로나니까… 코로나가 끝나면 괜찮아질 거야."라는 막연한 기대를 한다. 물론 코로나19 때문에 많은 기업이 실적에 큰 타격을 입은 건 사실이다. 하지만 코로나19가 끝났다고 이전의 실적, 혹은 그를 넘어서는 실적을 달성하는 것은 별개의 문제라고 생각한다. 정말 문제는 '코로나19가 종결된 이후'다.

사람들이 일상으로 복귀하고 경기가 재개될 때, 이전을 넘는 실적을 보여줄 '힘'을 갖고 있지 못한 기업들의 주가는 무너질 것이고, 그로 인한 시장 충격 역시 생각해봐야 한다. 만일 그 시기가 인플레이션의 폭발과 금리 인상 결정과 접한다고 생각하면 '성장주의 고공행진'에 큰 타격이 올 것이라는 것이 필자의 생각이다.

애프터 코로나 시대 M&A를 주목하라!

앞서 말한 것처럼 우리가 지금 주목해야 할 건 코로나19가 끝난 후인 '애프터 코로나(After COVID-19)' 시대다. 시장은 항상 경기에 선행하기 때문에, 미리 대비를 하는 사람에게 웃어준다. 그렇다 면 이제 애프터 코로나 시대에 대한 시뮬레이션을 돌려보자.

코로나19가 끝난 이후 부실기업의 미래

코로나19가 끝나면 앞서 말했던 면죄부를 받은 부실기업들은 빠른 속도로 몰락할 것이다. 정부의 지원과 투자자들의 너그러운 관용이 더 이상 지속되지 않기 때문이다. 우리가 해야 할 건 첫 번째로 손해를 최소화하기 위해 이러한 기업들의 투자를 미리 멈추는 것이다. 내가 투자한 기업에 대한 낙관적 시각을 잠시 내려 놓고, 재무제표의 객관적인 수치를 통해 미리 진단해놔야 한다. 공격적으로 시장점유율을 늘려나가고 있는 기업이라 할지라도, 코로나19 이후 이전의 실적으로 회복하지 못하는 '탄력성이 없 는' 기업은 투자자로부터 외면을 받게 될 것이며, 빠르게 거품이 꺼질 것이다.

두 번째로는 수익을 극대화하기 위한 준비를 해야 한다. 여러 부실기업이 도산하는 것은 시장 입장에서는 단기적으로 악재가 될 순 있지만, 장기적으로는 오히려 좋을 수도 있다. 바로 M&A 를 통한 기업 간 시너지 발생 때문이다.

M&A란 Mergers and Acquisitions의 약자로 기업의 인수와 합병을 뜻한다. 두 개 이상의 기업들이 하나의 기업으로 합쳐지 는 것이다. 기업들은 이러한 M&A를 통해 자산을 불려 나가기도 하고, 사업을 확장하기도 한다. M&A는 인수 기업 입장에서 여러 순기능이 있다. 인수 기업은 대상 기업을 합병함으로써 그 기업이 가지고 있는 유형자산(부동산, 주식 등)뿐 아니라 무형자산(노하우, 숙련된 임직원, 브랜드 가치 등)을 갖게 된다. 이를 통해 신사업 확장에 소요되는 기간과 투자 비용을 절감할 수도 있으며, 신규 사업 진출의 불확실성을 제거할 수도 있다. 또한 동종 업계의 기업

을 합병했다면 시장점유율을 효과적으로 확대하고, 규모의 경제를 늘려 원가 우위에 점할 수 있는 등의 장점이 있다.

내가 우유를 판매하는 회사의 CEO라고 생각해보자. 우리 회사는 불경기에도 탄탄한 거래처를 가지고 있기에 꾸준한 우유 수요가 있어 돈을 잘 벌고 있다. 하지만 옆에 빵집과 카페가 망해가고 있고, 그 빵집과 카페에 우유를 납품하는 경쟁 우유 회사도 휘청거리고 있다. 우리는 이런 상황에서 어떻게 하면 효과적으로 성장할 수 있을까? R&D 지출을 늘려서 신제품을 개발한다? 혹은 마케팅 비용을 늘려 고객 수요를 늘린다? 아니다. 그것보다 경쟁 우유 회사를 저렴한 가격에 인수해 시장점유율을 늘리고, 빵집과 카페를 인수해 수직 계열화*를 이루는 것이 훨씬 더 효과적인 매출 증대로 이어질 것이다. 시장점유율의 증가는 현재 판매하는 제품의 매출 증대뿐 아니라 향후 개발되는 신제품의 성공 확률도 높여줄 것이다. 또한 빵집과 카페를 인수함으로써 더욱 싼 가격으로 원료를 공급하고 수급 역시 안정적으로 조절할 수 있게 되어 우리 회사가 단시간 내에 성장할 수 있게 해줄 것이다.

---

* **수직 계열화:** 같은 가치 사슬(Value chain) 내의 산업을 인수해 부품이나 원자재를 효과적으로 공급하는 전략.

애프터 코로나 M&A에서 답을 찾다

이처럼 M&A는 신시장 개척과 기존 시장의 경쟁 우위를 시간과 비용 측면에서 훨씬 효과적이며, 이는 곧 경쟁이 치열했던 시장에서 한 기업이 독보적인 일인자로 올라설 수 있게 해주는 방아쇠 역할을 해줄 수 있다. 그렇다면 M&A는 어떤 방법으로 진행될까? 다양한 방법이 있지만 주로 대상 기업의 주식(대주주의 지분)을 매입함으로써 실질적 경영권을 확보하는 식으로 진행된다. 특히 우리나라는 1997년에 대량주식 소유제한 규정*이 폐지되면서 지분 매입을 통한 M&A가 활발한 시장이다. 즉 대상 기업의 주가가 낮아질수록 다른 기업 입장에서는 M&A 대상 기업으로 인식되기 쉽다는 뜻이다.

다시 돌아가서, 코로나19의 안개가 걷히고 부실기업이 속속 드러나면 M&A 대상 기업이 많아진다는 말이 된다. 어떠한 기업들은 M&A를 위해 경쟁 기업, 혹은 진출하고자 하는 시장에 사업을 영위하고 있는 기업의 주가 폭락을 기다리고 있을 확률이 높다. 인수 기업이 될 수 있는 기업은 기업에 현금이 많고, 코로나19가 끝나도 빠른 시일 내 정상 복귀할 '힘'이 있는 기업일 것이다. 즉 애프터 코로나 시대에는 부실기업은 합병되고 건실한 기

---

* **대량주식 소유제한 규정:** 증권거래법 200조, 상장기업의 주식을 10% 이상 매입할 때 증권관리위원회의 사전허가를 받도록 한 조항.

업은 이러한 기업들을 먹으며 점점 성장하는 그림이 될 수 있다.

금리 인상 이야기와 M&A 이야기를 들으며 눈치챌 수도 있겠지만, 사실 이는 성장주냐 가치주냐의 문제는 아니다. 현금을 많이 보유하고 있으면서 꾸준히 돈을 벌고 있는 기업과 그렇지 못한 기업 간의 격차가 심화될 수밖에 없는 이유(특히 코로나19가 끝난다면)를 말하는 것이다. 다만 상대적으로 기업에 현금이 많으며 꾸준히 돈을 버는 기업은 이미 안정궤도에 들어서 있는 가치주 기업에 많기 때문에, 성장주와 가치주 간의 격차가 조만간 좁혀질 것이라는 예측을 조심스레 내놓는다. 관건은 '성장주가 현재의 CAGR(연평균성장률)을 얼마나 지속할 것이며, 가치주의 실적 턴어라운드가 언제 일어날 것인지'다. 하지만 이는 필자로서 예측할 수 없는 부분이며 확신할 수 없으므로 기존에 공격적으로 투자했던 부분을 점점 줄여나가는 상황이라고 보면 된다. 만일 본인이 투자하고 있는 성장주가 미래에도 충분히 돈을 벌 것이라고 확신한다면 소신 있게 투자하는 것이 가장 좋은 투자법이다.

앤츠가 생각하는
유망 산업

1 │ 차세대 전력산업: ESS와 AMI

필자는 이처럼 성장주에 공포를 느끼고 가치주에 대한 매력이 증가하고 있다고 생각함에도 불구하고, 투자를 지속하고 있는 성장 산업이 몇 개 있다. 그중 일부분을 공개하도록 하겠다. 이 역시 필자의 지극히 주관적인 내용이 담겨 있으므로, '그래서 이 종목이 뭐지?'라는 생각보다는 산업 분석을 어떻게 하고 있고, 이를 통해 어떠한 논리로 투자 대상을 도출하는지를 위주로 봐줬으면 한다.

첫 번째로는 필자가 가장 관심 있어 하는 전력산업이다. 전력산업뿐 아니라 도로, 항만, 가스, 수도 등 SOC* 산업에 관심이 많다. 현재 우리나라의 SOC 자본은 산업이 급속도로 발전했던 1970년대에 착공한 인프라가 대다수인데, 슬슬 내용연수가 끝나가서 SOC 최신화에 대한 수요가 증가하고 있기 때문이다. 특히 최근 정부가 디지털 뉴딜과 그린 뉴딜을 필두로 'SOC 디지털화'에 많은 예산을 편성하면서 노후 SOC의 최신화가 더욱 가속화되고 있다.

필자는 이를 아주 좋은 투자 기회로 보고 있다. 전력산업의 경우 SOC 디지털화에 더해 신재생이라는 거부할 수 없는 흐름에 직면한 산업이므로 투자를 지속하고 있기도 하다. 그러면 이제 국내 전력산업은 어떤 가치사슬을 가지고 있고, 어떠한 흐름으로 변모하고 있는지 알아보도록 하자.

현재 우리나라의 전력산업은 국가(정확히는 산업통상자원부 산하) 산하의 공기업인 한국전력공사가 중심이 되어 국내에 전력을 공급하는 독점 체제의 산업이다. 한국전력공사는 알다시피 공기업이기 때문에 일반 사기업보다 훨씬 국가 정책에 대해 의존도가 높은 산업이기도 하다. 그렇다는 것은 한국전력공사의 사업은 곧 국가가 그려놓은 청사진대로 따라간다(보통 국가 산업은 미리 중장

---

* **사회간접자본(Social Overhead Capital):** 생산 활동에 직접적으로 투입되지는 않으나 간접적으로 기여하는 자본. 도로, 항만, 철도, 가스, 전기 등이 있다.

● 국내 중장기 전력산업의 6대 정책과제

과제	주요 목표 / 과제
수요관리 중심 에너지 정책 전환	‣ 2035년 전력수요의 15% 감축 ‣ 에너지 세율조정, 전기요금 체계 개선, ICT 수요관리 등
분산형 발전시스템 구축	‣ 2035년 발전량의 15% 이상을 분산형으로 공급 ‣ 송전제약 사전검토, 분산형 전원 확대 등
환경, 안전과 조화 모색	‣ 신규 발전소에 최신 온실가스 감축기술 적용 ‣ 기후변화 대응제고, 원전 안전성 강화 등
에너지 안보 강화와 안정적 공급	‣ 해외 자원개발 역량 강화, 신재생 보급 11%(1차 에너지) ‣ 자원개발 공기업 내실화, 신재생 보급확대 등
원별 안정적 공급체계 구축	‣ 석유, 가스 등 전통에너지의 안정적 공급 ‣ 도입선 다변화, 국내 비축여력 강화 등
국민과 함께 하는 에너지 정책추진	‣ 에너지 바우처 제도 도입(2015~) ‣ 에너지복지 강화, 갈등관리 선제적 대응 등

자료: 산업통상자원부 제3차 에너지 기본계획

기 전략을 발표하고 시행한다)는 뜻이다. 따라서 전력산업에 투자하는 투자자라면 기업의 재무제표를 보기 전에 가장 먼저 국내 전력산업의 중장기 방향성을 먼저 파악해야 한다.

앞서 한국전력공사는 산업통상자원부 산하의 기관이며, 공기업은 국가의 청사진에 따라 움직인다고 말했다. 즉 우리가 전력산업에 대한 시장 조사를 하기 위해서는 산업통상자원부의 정책을 유심히 살펴봐야 한다. 따라서 필자는 가장 먼저 산업통상자원부의 홈페이지와 보도자료들을 서치했다. 우리나라는 산업통상자원부가 5년마다 발표하는 최상위 단계의 국가 에너지 계획으로 '에너지 기본계획'을 발표한다. 또한 2020년 12월 28일에 확정된 '제9차 전력수급기본계획'을 통해서 에너지원별 비중과 수요 방안 등을 발표했다.

에너지 기본계획과 전력수급 기본계획을 보면 우리나라 전력 산업의 중장기 방향성은 뚜렷하다.

❶ 분산형 발전시스템 구축
❷ 공급확대 중심에서 수요관리 중심으로 에너지 정책을 전환
❸ 신·재생 전원 보급

물론 처음 보고서를 봤을 때 내가 한글을 보고 있는 건지, 다른 나라 언어를 보고 있는 건지 모를 정도로 보고서의 용어들을 알아들을 수 없었다. 하지만 이해가 안 되는 용어는 따로 찾아보고 공부하면서 점점 산업에 대한 이해와 방향성이 잡히기 시작했다. 보고서의 핵심은 다음과 같다.

현재 우리나라는 한국전력공사 산하 6대 발전소와 민간발전회사, 전기 사업자가 생산한 전력을 한국전력공사에서 일괄적으로 구매해 고객에게 판매하는 시스템이다. 즉 한국전력공사를 중심으로 국내에 필요 전력을 공급하는 중앙 공급형 독점 체제의 산업인 것이다. 현재는 한국전력공사 산하의 발전소가 주로 석탄과 원자력과 같이 대규모 발전을 통해 전기를 생산해 판매한다. 하지만 이러한 전력 체계를 곧바로 신·재생 전원으로 에너지 전환

을 하게 되면 많은 문제가 생기게 된다.

현재의 신·재생 에너지는 대규모 생산이 어렵고 날씨와 지형에 따라 수급이 불안정해서 여름 피크철에 전력 수요를 감당하지 못해 대규모 정전인 블랙아웃이 일어날 수 있다. 이는 곧 국가의 엄청난 손해를 미치기 때문에 이를 해결하기 위해서는 신·재생 에너지가 가진 문제점을 해결해야 한다. 이를 보완하기 위해 계획 중인 것이 바로 첫 번째 키워드인 '분산형 전원'이다.

분산형 전원은 지역 중심의 소규모 전원으로 인근 지역의 전력 네트워킹을 활용한다. 지역마다 가정용 발전(태양광 등)이 이루어지고, 이렇게 생산된 전력을 지역 내에서 사용하는 것이 핵심 골자다. 그 후 부족한 전력은 인근 지역에서 전력 네트워킹을 통해 충당해오고, 잉여 전력은 인근 지역에 판매하는 식으로 안정적인 공급 관리를 하겠다는 것이다. 이 과정에서 기존에는 전력을 일방적으로 소비하는 입장이었던 소비자들은 직접 가정에서 전력을 생산하고 잉여 전력을 판매함으로써 판매자가 되는 '에너지 프로슈머(Energy prosumer)'로 변모한다.

이때 핵심적인 역할을 하는 기술은 크게 두 가지다. 에너지 저장 장치인 ESS(Energy Storage System)와 양방향 검침 인프라인 AMI(Advanced Metering Infrastructure)다. ESS는 자주 들어봤을 수도 있다. 주식시장에서 2020년에 이어 최근에도 가장 핫한 섹터는 '전기차 배터리인 2차전지'라고 해도 과언이 아닌데, 이러한 2차전지가 바로 ESS다. ESS는 쉽게 말해 대규모 건전지라고 생각하면 된다. 한 번 사용하면 재사용이 불가능한 1차전지에 반해 2차전지는 에너지를 저장했다가 사용하면 다시 충전할 수 있는 구조다.

❶ ESS

ESS는 신·재생 에너지 발전에서도 매우 핵심 기술로 꼽힌다. 신·재생 에너지의 가장 큰 문제 중 하나가 공급이 불안정하다는 것인데, 전력 생산이 많은 날 전력을 저장만 할 수 있다면 이러한 문제점은 해결될 수 있기 때문이다. 즉 ESS는 전기차에서도 전력 산업에서도 핵심 기술인 만큼 ESS의 성장성은 사실상 확정되어 있다고 말할 수 있을 정도로 유망한 기술이다.

하지만 필자는 ESS의 투자를 개별 기업이 아닌 '2차전지 ETF(2차전지 사업을 영위하는 기업들을 모아놓은 상품이라고 보면 된다)'를 통해 다소 소극적으로 투자하고 있다. 아직까지 ESS는 표준화가 되어 있지 않아 개별 기업으로 투자하기에는 매우 많은 리스크가 산재하고 있다고 생각하기 때문이다(물론 시장 리더를 맞추면 그에 따른 수익도 따라올 것이다). 현재 ESS의 종류는 크게 각형, 파우치형, 원통형 세 가지로 나누는데, 각각의 장단점이 뚜렷해 아직 어떤 종류의 ESS가 시장을 리드할지는 좀 더 두고 봐야 한다.

문제는 2차전지 선두 업체인 중국의 CATL과 한국의 LG에너지솔루션, SK이노베이션, 삼성SDI 등의 주력 ESS가 각기 다르다는 것이다. 세 가지의 ESS 중 하나의 종류가 현재 ESS가 가지고 있는 한계점을 가장 먼저 극복한다면 나머지 기업에는 큰 리스크로 작용할 수도 있다. 그뿐만 아니라 현재 '전고체 배터리'라는 신기술의 연구 개발도 빠른 속도로 진행되고 있으며, 각 회사의 주요 고객인 완성차 업체(현대차, 폭스바겐, 테슬라 등)에서 직접 배터리를 생산하겠다는 움직임이 강해 선뜻 어느 기업에 투자하기가 조심스러운 상황이다. 그렇다고 투자를 안 하기에는 너무나 성장성이 뚜렷한 산업이기 때문에, 필자는 ETF 상품으로 투자하고 있는 것이다.

❷ AMI

다시 전력산업으로 돌아가자. 필자는 현재 지금부터 이야기할 양방향 검침 인프라인 AMI에 꽤 큰 비중으로 투자하고 있다. 중요한 것은 AMI 기업이 현재 돈을 잘 벌고 있다거나 자산 가치가 튼튼한 기업은 결코 아니라는 것이다. 앞에서는 현재 돈을 잘 벌고 있지 못하는 성장주에 대한 투자를 고려해볼 때라고 이야기했다. 그럼에도 불구하고 AMI 기업에 투자하고 있는 이유는 개인적으로 앞으로의 성장이 확실하다고 생각하고 있기 때문이다. 우선 AMI가 무엇인지부터 알아보자.

　AMI는 가스나 전력 등을 검침원이 집집마다 돌아다니며 검침할 필요 없이 자동으로 검침을 하게 해주는 기기다. 이 설명만 들으면 '집에서 편히 쉬고 있을 때 검침원이 벨을 누를 일이 없어진 것 때문에 그렇게 좋아하는 건가?'라고 생각할 수도 있다. 하지만

AMI의 진가는 이러한 전력, 가스의 사용량을 '데이터화'한다는 데 있다.

앞서 분산형 전원에 대해 설명할 때 가정에서 전력을 생산하고 잉여 전력은 판매함으로써 전력 네트워크가 형성된다고 말했다. 하지만 이것이 가능하기 위해서는 각 가정에서 전력을 얼마나 생산하고 소비하고 있는지를 정확히 파악해야만 여름철 블랙아웃이 일어나지 않게 하면서 원활한 전력 네트워크가 이루어지게 된다. 또한 AMI를 통해 수집된 데이터가 모여 빅 데이터(Big Data)를 이루고 이를 활용, 가공해 더욱 효율적인 에너지 솔루션이 이루어질 것이다.

이와 더불어 한국전력공사에서 하고자 하는 것이 전력 수급이 몰리는 시간대에 따라 차등 요금제를 시행하겠다는 '전력 가격의 효율화'인데 이 역시 AMI가 보급되어 있어야 가능한 사업이라고 생각한다. 실제로 산업통상자원부와 한국전력공사는 전국에 AMI를 보급하기 위해 대규모로 사업을 진행하고 있다. 이것이 바로 두 번째 '공급확대 중심에서 수요관리(AMI를 통한) 중심으로 에너지 정책 전환'의 핵심 골자라고 생각한다.

정리하자면 현재의 전력 체계를 신·재생 전원 위주로 전환하기 위해서는 '분산형 전원'으로 전환해야 하는데, 그러기 위해서는 '모든 집에 AMI라는 장치가 우선적으로 보급이 되어야 가능하다.'라는 것이다. 필자가 투자하고 있는 기업은 국내 AMI를 독점하고 있는 기업이며 해외에서도 기술력을 인정받는 기업이다. 하지만 현재 돈을 잘 벌고 있는 회사는 아니기 때문에 최근 지지부진한 주가를 이어가고 있다.

필자는 산업 분석과 기업에 대한 확신이 있다면 '기다리면 복이 온다.'라는 마음으로 뚝심 있게 투자하는 것이 좋은 투자라고 생각한다. 이런 이유로 현재도 꽤 큰 비중으로 필자의 포트폴리오에 담겨 있다.

2 | 동남아 시장을 주목해라

다음으로는 꼭 코스피, 코스닥 시장에만 투자를 국한하지 않고, 동남아국가연합(아세안) 시장의 투자에도 주목하라고 조언하고 싶다. 특히 최근에는 미국 기업뿐 아니라 중국, 싱가폴, 말레이시아 등 다양한 국가에서 ADR(American Depository Receipts)을 통해 나스닥 시장에 상장하는 경우가 많다. ADR 상장은 원래 주식은 본국에 보관한 채 이를 대신하는 증서를 만들어 외국에서 유통시키는 것을 말한다. 쉽게 말해 미국 기업이 아닌 타국의 기업이 미국 시장에 상장해 다양한 국가의 투자자들로부터 자본을 모으는 것이라고 보면 된다.

얼마 전 쿠팡 역시 나스닥에 상장했다. 그러나 쿠팡의 경우 쿠팡 홀딩스 본사가 미국 기업이기 때문에 ADR이 붙지 않았다(미국 기업이 미국 시장에 상장할 경우는 ADR이 아니다). 하지만 만약 쿠팡의 본사가 우리나라 기업이었다면 '쿠팡ADR'이라는 이름으로 나스닥에 상장했을 것이다. 이처럼 동남아 기업도 나스닥에 많이 상장되어 있는데, 필자는 동남아 시장을 필두로 글로벌로 나아가는 기업 혹은 동남아 시장 진출에 적극적인 기업을 좋게 평가하고 있다.

현재 글로벌 시장은 2020년 전 세계를 강타한 코로나19와 미·중 무역전쟁 장기화까지 겹치면서 세계적인 경기둔화 국면에 놓여 있다. 특히 경제적으로 성숙한 국가에서는 생산성 증가가 둔화되고 있으며, 획기적인 기술이 나오지 않는 한 시장 플레이어가 뒤집힐 가능성이 미비하다. 즉 우리는 현재 시장을 점령하고 있으면서 앞으로도 시장 강자를 유지할 것 같은 기업에 투자하거나 획기적인 기술력을 바탕으로 시장을 뒤집을 혁신 기업에 투자해야 한다.

하지만 후자의 경우 매우 큰 리스크가 뒤따르며 확률도 희박하다. 하지만 동남아 시장은 다르다. 아직까지 성장 여력이 매우 많은 시장이기 때문에 동남아 기업과 동남아 시장에 공격적으로 투자하는 기업은 상대적으로 적은 리스크로 많은 리턴(Return)을 취할 수 있다. 실제로 아시아 개발도상국은 2015년부터 2019년까지 매년 6% 이상의 GDP 성장을 이루어냈으며, 코로나19로 관광 산업이 큰 타격을 받은 2020년조차도 2.2%의 성장을 한 시장이다. 즉 애프터 코로나 시대에는 잠시 주춤했던 경제가 다시 활력을 되찾고 가파른 성장을 이어나갈 가능성이 크다.

이러한 이유로 현재 글로벌 기업들의 동남아 시장 진출이 확대되고 있다. 우리는 투자자로서 이러한 투자 흐름을 파악하고 탑승함으로써 기회를 잡아야 한다. 필자는 이 중 싱가포르 시장을 흥미롭게 지켜보고 있다. 현재 싱가포르 시장은 전자상거래(E-Commerce) 시장과 금융에 기술이 더해진 핀테크(Fin-tech) 시장을 두고 글로벌 기업이 치열하게 경쟁 중이다. 다른 나라보다 싱가포르에 더욱 주목하는 이유는 두 가지다. 현재 싱가포르가 개방형 경제를 기반으로 하고 있어 시장 진입이 쉬운 면이 있으며, 금융과 보험 및 서비스 분야에서 눈부신 성장을 이어나가고 있기 때문이다. 현재 싱가포르 시장을 두고 어떠한 분야에서 어떠한 기업들이 경쟁하고 있는지 살펴보자.

현재 싱가포르에서 가장 돋보이는 기업은 단연 이커머스 플랫폼 기업인 씨그룹(Sea Group)일 것이다. NYSE(뉴욕증권거래소)에 ADR 상장이 되어 있기도 한 씨그룹은 현재 동남아 시가총액 1위를 차지하고 있는 기업이다. 씨그룹은 크게 세 개의 기업으로 이루어져 있다. 가장 먼저 씨그룹의 캐시카우* 기업으로, 온라인 게임 유통 서비스 분야에 가레나(Garena)가 있다. 두 번째는 동남아 최대 모바일 쇼핑 플랫폼 기업인 쇼피(Shoppy), 마지막으로 최근 신규 진출 사업인 핀테크 분야의 씨머니(SeaMoney)를 보유하

---

* 캐시카우(Cash cow): 안정적으로 돈을 벌어다 주는 사업.

고 있다. 현재 돈을 잘 벌고 있는 사업인 게임 사업(가레나)과 모바일 쇼핑 플랫폼(쇼피)의 고객 결제 시스템을 자사의 씨머니(우리나라로 치면 카카오뱅크)라는 결제 플랫폼과도 연동하면서 사업을 확장하고 있다. 이처럼 다양한 사업을 하면서 시너지를 내는 씨그룹은 어떻게 보면 우리나라의 카카오와도 비슷한 비즈니스를 영위하고 있으면서도 더 넓게 보면 '동남아의 아마존'이라는 별명이 붙을 만한 비즈니스를 보유하고 있는 회사다.

씨그룹이 이처럼 성장할 수 있었던 이유는 홍콩의 글로벌 대기업인 텐센트(Tencent)가 씨그룹에게 전폭적으로 동남아의 게임 유통을 지원해주었기 때문이다. 전 세계에서 가장 유명한 게임들을 독점적으로 동남아 시장에서 유통을 할 수 있었던 씨그룹(정확히는 가레나)은 이후 매서운 성장세를 보이며, 쇼피와 씨머니 등의 기업을 통해 공격적으로 사업 영역을 확장하고 있다. 즉 텐센트(텐센트의 시가총액은 우리나라 삼성전자의 1.5배 이상이다)는 싱가포르 기업인 씨그룹을 필두로 세워 동남아 시장에 공격적으로 투자를 진행하고 있다.

하지만 다른 글로벌 기업이 가만히 있는 것은 아니다. 현재 동남아 시장의 이커머스는 씨그룹의 쇼피뿐 아니라 라자다(Lazada)와 토코피디아(Tokopedia)라는 기업이 경쟁 중이다. 또한 핀테크 분야에서는 씨그룹의 씨머니와 그랩(Grab), 고젝(Gojek)이라는 기업이 치열하게 경쟁하고 있다. 재미있는 건 이 기업들 모두 뒤에는 굴지의 대기업이 있다는 점이다. 이커머스에서는 알리바바가

라자다에 투자하고 있으며, 토코피디아와 고젝은 소프트뱅크에서 전폭적으로 지원 중이다. 심지어 얼마 전 토코피디아와 고젝은 씨그룹에 대항하기 위해 인수합병(M&A)을 진행하며 씨그룹의 대항마로 우뚝 서게 되었다.

아직 동남아 시장의 승자가 누가 될지는 아무도 모른다. 사실상 글로벌 대기업인 텐센트와 알리바바, 소프트뱅크가 동남아 시장을 두고 경쟁하고 있어 섣불리 승자를 판단할 수 없기 때문이다. 하지만 이는 동남아 시장이 그만큼 성장성이 있고 앞으로의 투자처가 될 것이라는 증거이기도 하다.

현명한 투자자라면 현재 글로벌 시장에서 무슨 일이 일어나고 있는지를 파악하고 기회를 잡아야 한다. 꼭 동남아 특정 기업의 주식에 투자할 필요는 없다. 요즘은 펀드와 ETF 상품도 다양하게 나오고 있으므로 포트폴리오에 동남아 시장의 성장성에 투자하는 자산을 어느 정도 편입해두는 것이 향후 미래의 수익으로 돌아올 것이라고 생각한다.

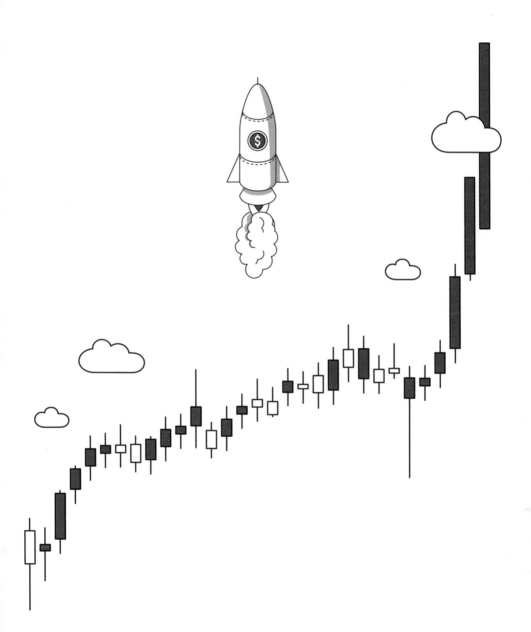

오늘의 작은 돈이 당신의 경제적 자유가 되기를

지금까지 필자가 7년간 주식시장에서 실제 돈을 잃어가며 배운 경험과 노하우를 모두 공개했다. 사실 이 책을 집필하며 '내가 과연 이 책을 써도 될까?'에 대한 고민을 정말 많이 했다. 하지만 주변에 많은 초보 투자자들이 그동안 필자가 겪었던 실수를 그대로 답습하는 것을 보고 '나의 실패 경험을 공유함으로써 누군가는 이러한 과정을 생략하고 올바른 투자를 할 수도 있겠구나.'라는 생각이 들었다. 그래서 최근 동학개미운동의 흐름에 탑승한 많은 주린이들에게 조금이라도 도움이 되었으면 하는 마음으로 열심히 책을 집필했다.

필자 역시 아직까지 주식에 대해 공부할 것도 많고 부족한 점이 많다. 지금도 주말에는 기업 가치평가 스터디를 하며 직접 적정 주가를 구해보고, 투자대회에 나가 '나의 투자법'이 다른 참가자들에 비해 어느 정도의 안정성과 수익률을 가져다주는지도 꾸준히 테스트하고 있다. 이렇게 하는 이유는 필자의 최종 목표가 '어떠한 시장 상황에서도 안정적으로 투자할 수 있는 포트폴리오를 만드는 것'이기 때문이다. 약간 전설의 포켓몬을 찾아 떠나는 트레이너의 느낌도 들지만, 목표를 세워 꾸준히 공부하다 보면 그에 가까운 포트폴리오를 만들 수 있다고 생각한다. 안정적인 포트폴리오를 만들면 앞으로 직장 생활을 하며 받는 월급의 일정 부분을 꾸준히 주식에 투자하며 '복리의 마법'을 직접 경험할 수 있으리라고 믿는다.

아마 이 책을 집어 든 당신도 필자와 비슷한 목표를 가지고 있을 것이다. 프롤로그에서도 말했지만 월급만 가지고는 더 이상 살아갈 수 없는 세상이 왔기 때문에 정말 벼락거지가 되지 않기 위해서는 '뭐라도 해야 한다.'라는 마음이리라고 생각한다. 그러한 마음을 생각에서만 멈추지 않고 서점에 가서 책을 고른 당신은 이미 '미래의 워런 버핏'으로 한 걸음 나아갔다고 본다.

현금은 그 자체로서 큰 의미가 있지 않다. 매년 시중에 돈은 늘어나고, 그 결과 화폐가치는 점점 떨어지기 때문이다. 어쩌면 현금만을 꼭 쥐고 있는 것은 마치 모래를 손에 쥐고 있는 것과 같을 수도 있겠다. 분명 나는 아무것도 하지 않았는데 어느덧 손에 남아 있는 자산(혹은 자산 가치)은 적어지니 말이다.

내가 살면서 만난 부자들의 공통점은 바로 이러한 시장 논리를 꽤나 정확히 파악하고 있다는 것이었다. 그들은 현금을 보유하지 않는다. 그들은 현금이 생기면 그 즉시 '공급이 제한된 자산'으로, 혹은 '미래자산'으로 바꾸는 데 열중했다. 여기서 말하는 공급이 제한된 자산이란 땅과 건물과 같은 부동산을 의미한다. 땅은 제 3자가 마음대로 생산할 수 없는 한정된 자원이다. 화폐의 공급이 많아졌다 하더라도 그에 비례해서 땅값도 오르기 때문에 부동산은 가치를 보존할 수 있는 자산이다. 이처럼 부자들은 들어오는 현금의 가치를 공급이 한정된 자산으로 변환하는 식으로 부를 축적한다.

또 하나는 바로 미래자산이다. 미래자산이란 현재의 가치(Present Value)보다 미래의 가치(Future Value)가 높은 자산을 의미한다. 현금은 미래의 가치보다 현재의 가치가 높은 자산이다. 누군가가 "지금 100만 원 받을래? 1년 뒤 100만 원 받을래?"라고 묻는다면 99%의 사람들은 '지금의 100만 원'을 택할 것이다. 당연하다. 지금 100만 원을 받고 1년간 은행에만 넣어서 1원의 이자라도 받으면, 1년 뒤 100만 원보다 더 큰 가치가 있기 때문이다. 하지만 이런 현금과 다르게 현재의 가치보다 미래의 가치가 높은 자산도 존재한다. 그것이 바로 주식이다. 물론 주식을 올바른 방법으로 투자했을 때 말이다.

"그래서 올바른 투자법이 뭔데?"라고 물으면 속 시원한 대답을 해주기는 어렵다. 하지만 적어도 '옳지 못한 투자법'은 정확히 이야기할 수 있다. 바로 20살의 앤츠가 했던 투자법이 바로 옳지 못한 투자법이었다. 단순히 시세 차익만 바라보며 아무런 공부 없이 투기하는 것. 이것만 지양해도 상위 30%의 투자자라 자부할 수 있다.

결국 주식으로 돈을 벌기 위해서는 끊임없이 공부하고 자신만의 투자 원칙을 지켜나가며 '시간에 투자하는 것'뿐이라고 생각한다. 그랬을 때 10년 후, 우리가 투자했던 작고 귀여운 투자금은 복리의 마법에 걸려 우리에게 수익을 안겨줄 것이라고 확신한다.

이 책이 여러분 자신만의 원칙을 세워나가는 데 조금이라도 도움이 되길 바라며, 10년, 20년 후 우리 모두 주식으로 부자가 되어 경제적 자유를 누릴 수 있길 바란다.

초판 1쇄 발행 2021년 9월 16일

지은이 앤츠
펴낸곳 원앤원북스
펴낸이 오운영
경영총괄 박종명
편집 최윤정 이광민 김상화
디자인 윤지예
마케팅 송만석 문준영 이지은
등록번호 제2018-000146호(2018년 1월 23일)
주소 04091 서울시 마포구 토정로 222 한국출판콘텐츠센터 319호 (신수동)
전화 (02)719-7735 | **팩스** (02)719-7736
이메일 onobooks2018@naver.com | **블로그** blog.naver.com/onobooks2018

값 16,000원
ISBN 979-11-7043-249-4 03320